犯罪者は反面教師である

深沢敬次郎

まえがき

人はさまざまな歩みをしており、経験しながら学んでいる。軍人や巡査を志願したことを悔いたこともあったが、それがかけがえのないものとわかった。特攻隊員として沖縄の戦いに参加し、九死に一生を得て餓死寸前でアメリカ軍の捕虜になった。収容所に入れられると軍隊の組織は機能せず、部下をいじめた上官が仕返しされたのを目の当《ま》たりにした。鬼畜米英と教えられていたが、アメリカ軍は人命を尊重し、日本軍は軽視していたことがわかった。一年三か月の収容所の生活はとてつもなく長く感じられたが、アメリカ人と日本人の考え方の違いを知ることができた。

復員したが就職難のためやむなく巡査を志願し、歴史や倫理学や法医学などを学ぶことができた。心理学の教授からは、相手の立場に立ってものを考えなさいと教えられ、いまだ忘れることができない。交番に勤務したが職務質問やヤミ米の取り締まりを苦手にしていたため、これで巡査が勤まるだろうかと思ってしまった。

警察法が大きく変わって山の中の小さな町の警察署に転勤になったとき、辞めたくなったので父親に話した。若いときにはいろいろ経験しておくものだと諭《さと》され、いやいやながら赴任した。図書館もなければ娯楽施設は何一つなく、事件や事故も少なかったから時間を持て余した。退屈まぎれに読書会に入り、すすめられて一冊の本を読んだとき、全身が震えるほどの感動を覚えた。刑事になって多くの人に接し、世の中のことだけでなく人の見方がわかるようになった。別荘の空き巣事件の捜査をし、著名な学者や作家の話を聞く機会に恵まれると本の虜《とりこ》のようになった。

都市の警察署の留置場の看守になると、犯罪者や保護された者を取り扱うようになった。すべて呼び捨てにしていたが、公職選挙法の違反で収容された村長さんを呼び捨てにはできなかった。国民はすべて法の下に平等であるため特別に取り扱うことができず、それからはすべて留置人に「さん」をつけて呼ぶことにした。

鑑識や捜査内勤になったが、社会勉強がしたくなったので交番勤務を希望すると繁華街の交番に配置された。巡回連絡をしたりさまざまな事件や事故を取り扱い、多くの人に接してさまざまなことを学ぶことができた。アメリカ兵の乱闘事件があったり、デモの警備をするなどしたり、売春防止法が公布されて生き方に悩まされた人の話を聞いたりした。

交通戦争という言葉が使われていたとき、交通事故を取り扱うようになった。無免許、酒気帯び、速度超過が交通の三悪といわれ、死亡事故が起きると、殺人にひとしいのではないかと思った。夜間の交通事故の処理をしていたとき、無謀な車にひかれそうになったこともあった。事故の原因の究明のため実況見分をしたり、関係者の話など聞くことにしたため物事を客観的に判断するようになった。

能勢警部補は捜査係長になったとき、わたしの人生は付録みたいなものだと考えるようになった。戦争中は多くの将兵がロボットのように動かされており、そのように生きたくなかったので自分の道を歩くことにした。犯人は捕まらないようにしており、捕まえるためにさまざまな創意と工夫をこらすことにした。

犯罪の中でもっとも多いのが窃盗であったが、元手がなくても安直にできるからかもしれない。出来心であったり、常習者であることもあり、容易に検挙できるものあれば長期を要するものもある。殺人はもっとも悲惨な事件であったが、残忍な心を持っているとはかぎらずふつうの人によっておこなわれたりしていた。変死体の検視に当たっては、他殺を自殺と見誤ったりすると、とんだことになるため慎重に取り扱った。性による被害者の苦痛には計り知れないものがあり、これを糧にしてよりよく生きるようにアドバイスしていた。アルコール依存症やギャンブル依存症になると、理性でコントロールするのがむずかしいため犯罪を犯してしまうのかもしれない。

詐欺師は人をだますのに慣れており、まるで街の心理学者のようだ。巧みな話術によって話しかけられるため、大金をだまし取られてから気づいたりする。物品であれば鑑定によって真偽を明らかにすることができるが、言葉のウソを見抜くのは容易ではない。実より形を重視する者がいるらしく、ニセモノにだまされる人が少なくない。健康食品など大々的に宣伝しているが、広告宣伝費は消費者が支払わされることになる。横領や不正融資などは組織内の問題であり、経営者の責任がからむために警察に届け出ることが少ない。

公職選挙法にはさまざまな抜け道があり、違反の取り締まりに苦慮させられる。町議会議員の選挙で違反者の取り調べをしたが、自由投票というより契約投票みたいであった。後援会員や私設秘書や選挙ブローカーの取り調べをし、選挙がどのようにおこなわれているか知ることができた。建設業の談合の実態を知ることができたし、一部ではあるが手抜き工事のからくりもわかった。お歳暮が社交的なものとされているが、ワイロであったりした。

暴力団は世の中のさまざまなところに触手を伸ばし、不正を見つけては恐喝するなどしていた。暴力団に弱味をにぎられると、弁護士や政治家も餌食にされかねなかった。覚せい剤は有力な資金源になっており、やめようと思っても脅されてやめられない者もいた。縄張り争いは深刻であり、殺人事件にもなった。暴力団幹部の情婦になっていたバーのホステスが、客から得た情報を流して恐喝のネタにしていたこともあった。

山火事の原因調査をしたり、夜間の山岳遭難救助に当たったりした。刑務所志願者や家出人や水難事故など取り扱ったり、連続放火の捜査をしたりした。小説をまねた誘拐事件では動機がわからず、暗中模索のような捜査になってしまった。中小企業を育てる会という立派な名前をつけていたが、融資あっせん名目で手数料をだまし取っていた。住宅ローンにはからくりがあり、検挙にいたらなかったが捜査したため会社が倒産に追い込まれた。刑務所から逃げた二人の凶悪犯人の追跡捜査をしたが、捕虜の経験があったから脱獄したい気持ちがわかった。

知識は読書や人の話を聞くなどして身につけることができるが、経験しないとわからないことが少なくない。犯人からは貴重な体験を聞かせてもらい、仕事に役立てることができただけでなく反面教師とすることができた。どんな悪人にも良心の芽が残っており、被疑者の更正を願いながら取り調べをした。警察は市民にとって身近な存在であるが、捜査の実態を知らない者が多いように思われる。犯罪を防いで住みよい世の中にするための一助にしてもらいたいため、さまざまな事件を取りあげて書名を「犯罪者は反面教師である」とした。

【犯罪者は反面教師である／もくじ】

一　窃盗

①　神出鬼没の盗人

犯罪者は、あるやり方で成功すると、つぎにも同じ方法を繰り返す習性がある。空き巣犯人にいわせると暗がりは怖いといい、忍び込み犯人は、昼間は顔を見られるからいやだという。家の人が食事をしていたり、昼寝をしているなどのすきを見て盗むという「居あき」の手口もある。それぞれのやり方は異なっているが、捕まらないように考えていることには変わりはない。窃盗事件の多くは被害の届け出によって始められ、被害者の話を聞いたり実況見分をしたりする。足跡や指紋の採取をしたり、付近の聞き込みをするなどして犯人の手がかりを求めていく。

午後六時三十分ごろ、旭食堂から、家族がみんな店に出ていたとき、奥の部屋にあった小型金庫の金が盗まれたとの届け出があった。被害者の話を聞いたり実況見分をし、付近の聞き込みをするなどした。採取した指紋はすべて家族のものであり、わかったのは「居あき」という手口だけであった。それから一週間ほどしたときの午後六時ごろ、サラリーマンから被害の届け出があった。家族で夕食をしていたとき、二階の寝室が荒らされてタンスの五万円が盗まれたという。犯人はブロック塀を乗り越え、窓の下の空き箱に乗って二階に侵入していた。土の上についていたくっきりした足跡を石膏で採取し、履物店で調べるとS社製のスポーツシューズとわかった。

同種の手口の窃盗事件があちこちで発生しており、時間と場所を調べて分布図をつくった。自動車やバスや電車を利用するのは困難であり、バイクか自動二輪車を利用しているものと思われた。刑事は昼間は聞き込みをし、夕方になると制服に着替えて、十字路で交通の指導取締りに当たった。スポーツシューズを履いた男を探しつづけると、バイクに乗った若者が通り過ぎていった。所有者を調べると窃盗の犯罪歴がある二十八歳の葉山さんであり、朝の八時前に家を出て夕方に帰ることが多かった。何をしているかわからなかったが、その間にもあちこちで「居あき」の犯罪は発生していてスポーツシューズの足跡があった。

風の強い日の午後六時ごろ、農家から被害の届け出があったので刑事は現場に急行した。報告を受けた能勢警部補は現場にいかず、葉山さんの自宅の張り込みをした。三十分ほどしたときバイクで帰ってきたが、黒っぽいジャンパーでスポーツシューズを履いていた。現場にもスポーツシューズの足跡があり、主婦の話によると、奥の座敷で物音がしたので様子を見にいくと、隠しておいたバイクで逃げたという。その直後に隣の集落の農家でも被害にあっていたが、そこにもスポーツシューズの足跡があった。発見されてから家に戻るまで三十分ほどあったため、アリバイをただすことにした。

翌朝、任意同行を求めることにしたが、刑事にとっては日常茶飯事であっても葉山さんにとっては重大な問題であった。拒否することもできずに自動車に乗り込み、本署にやってきたので能勢警部補が取り調べを始めた。いきなり、黒のジャンパーを着て境川町の七一八号をバイクに乗って午後七時三分に帰宅していますが、どこにいってきたのですかと尋ねた。それは考える余地を与えないためであったが、答えることができずにだまってしまった。

追い打ちをかけるように、どうして答えることができないのですかと聴いた。被害者にバイクのナンバーなどを見られたと勘違いしたらしくしぶしぶと話し始めた。盗みを認めた供述が現場の状況と合致したため、逮捕状を得て逮捕して取り調べをつづけた。

「ドライブインに勤めていたが、前科があったことがわかってクビにされたのです。前科があることを隠して結婚したため、会社をクビになったことを妻に話すことができなかったのです。出勤しているように装っては盗みをして給料分を妻に渡し、パチンコや競艇などで時間をつぶしていたのです。仕事がない方が楽だと思ったこともありましたが、毎日のこととなると苦痛になっていました。妻にはウソがばれないようにし、警察に捕まらないようにしたため疲れてしまいました」

前科があったのでクビになったといったが、いまだ特別視する経営者がいることを知った。クビにならなかったら順調な歩みをしていたかもしれないが、本人だけでなく妻や子どもの人生まで狂わすことになった。どんなに反省しても、おこなわれたことは取り消すことができないが、これを糧にしてよりよい人生を歩んでもらいたいと思った。

「ウソをついて一時逃れをすることができるが、ばれたときにはツケが回ってくることになるんだよ。前科のあることを恐れずに正直に生きていけば、世間の人だって認めてくれるのではないかね」

このように話すとうなずいていたが、どれほど心に刻み込むことができたかはわからない。

② ウソ発見器に降参した男

従業員が十三人の食品販売会社の金庫から大金が盗まれ、被害の届け出があったので捜査を開始した。外部の者の犯行の疑いはまったくなく、社員はだれも金庫に触れることができた。うわさにのぼっていたのは経理担当者と窃盗の前歴のある男であったが、根拠があったわけではない。証拠になるものを得ることができないため、捜査は空回りの状態になってしまった。見かねた社長さんから、ウソ発見器にかけたらどうですかとの提案があった。ウソ発見器のデータは証拠にはならなかったが、どのようなものか試してみたい気になったので賛成した。ウソ発見器にかけるには本人の承諾を必要としたが、拒否すればより疑われる恐れがあったため全員が賛成した。

静かな部屋が用意され、最初に検査官がウソ発見器について説明をした。ポリグラフといって皮膚の電気抵抗や呼吸および血圧の変化を測定し、人間の内面にひそむ心の動きをとらえる作業であり、犯罪者が自分の罪の発覚を恐れてウソをいったとき呼吸が乱れたり、血圧の変化をきたすため、それがグラフに現れるのですといった。ポリグラフが成功するどうかのカギは質問事項にあるといわれており、真犯人でなければ知ることができない内容が設定されていることが大事であった。

検査を始めるについて検査官はあらましの説明をし、六枚のカードを並べて一枚だけ検査を受ける人に覚えてもらった。すべてにいいえと答えてもらうため、その中の一枚が間違いであり、それを当てるというものであった。本番になると不安をつのらせる者がおり、ビクビクしているとそれがグラフに現れるのではないですかと尋ねた。すると検査官は、心臓が強いとか弱いとかはまったく関係がなく、どのような人でも正直に反応しますといった。

検査官の前に座らされた若い男はおどおどしており、どのような反応が出るか気にしながら眺めていた。呼吸波を調べるために胸にはチューブが巻かれ、指には金属の板が取り付けられて質問が始まった。すべてにいいえと答えており、それがグラフになっていた。同じようにしてすべての人の検査を終えると、能勢警部補は検査官からグラフを示されて説明を受けた。二人のグラフだけが他の者と大きく異なっていたが、一人は経理担当者でもう一人は窃盗の犯罪歴のある男であった。二人ともうわさのある人物であったが、どのようにしてウソ発見器が見抜いたのかわからなかった。

会社の休みの日に二人から事情を聴くことにしたが、どのように取り調べたらよいか考えてしまった。ウソ発見器は二人に疑問を抱いたが、心理学に興味があったとはいえ人の心を知るのが容易でないことがわかっていた。経理担当者は五年前に同僚のポケットから現金を抜き取ったことをすなおに認め、その供述にはウソはないようだった。ところが犯罪歴のあった男は徹底して否認していたため、取り調べのやり方を変えることにした。

人間が人間を調べると感情的になることがわかっていたため、ウソ発見器に現れた事実にもとづいてあくまでも事務的に質問をすることにした。何度も警察で取り調べられて捜査の手の内を知っていたと思われたが、理詰めの取り調べに面食らって弁解に行き詰まった。しぶしぶと金庫の金を盗んだことを認め、盗んだ金を住宅ローンの返済やギャンブルに使ったと自供した。

ポリグラフは証拠にすることはできなかったが、盗んだ翌日に大金を住宅ローンの返済に充てていたことが明らかになった。取り調べで徹底して否認していたが、ウソ発見器の前ではウソをつくことができなくなったらしかった。

③ 認知症の老婆の誤届け

駐在所から多額の株券の盗難事件の報告があった。

「一人暮らしの老婆が駐在所に見え、たくさんの株券を盗まれたと届け出てきたのです。少しばかり話がちぐはぐですが、多額の盗難事件なので報告することにしました」

ただちに警察本部に報告して鑑識係をともなって現場に急行すると、駐在の巡査と二人で待っていた。資産家らしく二階建ての木造の建物は大きく立派なものであったが、建築してからかなりの年数がたっているものと思われた。七十五歳の女性の話を聞いたが、株券が盗まれたというばかりであった。どこの会社の株券か尋ねてもわからず、どこに置いたのか、いつ盗まれたかも覚えていない。盗まれたのかどうかもわからないため、東京にいるという息子さんに電話したが通じない。やむなく本人の承諾を得て家の中を探すことにしたが、家の中は広くていろいろな物が乱雑に置かれてあった。

金庫やタンスなどを重点に調べたが盗まれた形跡はまったく見当たらず、株券もなければ貴重品もなかった。老婆の話を聞いていると正常なところもあれば、異常と思えるようなところもあった。年をとると忘れっぽくなるという話を聞いているが、それとも違うようだった。探すところもなくなってしまい、株券があったのか、なかったのかもわからない。老婆がどのような生活をしていたかわからず、ふたたび東京の息子さんに電話すると通じた。

「お母さんから株券が盗まれたとの届け出があったが、盗まれたものかどうかはっきりしないんです」

「その株券ならわたしが預かっています。一人で暮らしている母のことが気になり、頻繁に電話していたのです。物忘れがひどくなったと思っていたが、最近はボケ（現在は認知症）ではないかと思えてきたのです。引き取ってめんどうをみようと思い、何度も話し合ったのです。住み慣れたところを離れがたいらしく、東京に住むのはいやだといっているのです。わたしも仕事の都合で母と暮らすことができず、電話しては様子を確かめていたのです。株券も貴金属もすべてわたしが預かっており、そのことを母に伝えてください」

このようにいったため、母親と電話を代わって話してもらうと、ようやく納得したらしかった。問題が片づいたので引き上げようとすると、またもや株券が盗まれたと言い出した。説得するとわかったらしかったが、いつまで持続するかわからなくなった。ボケの話は聞いたことはあったが、老婆の話を聞いてどのようなものか少しばかりわかった。年をとると忘れっぽくなるといわれているが、どこまでが正常で、どこからがボケであるか線引きするのはむずかしい。誤届けであることがはっきりしたため捜査を打ち切ったが、ふたたびこのようなことが起こるかもしれない。

④ 万引きの女

万引きする人は年々増えているといわれているが、スーパーやデパートなどで安直に手にすることができるからかもしれない。万引きだって窃盗に変わりはないが、被害にあっても警察に届けられるものはいたって少ない。常習者であったりトラブルになったりすると通報があるが、被害が軽微であって犯罪歴がなく反省していると微罪処分にすることができた。

デパートの警備員から、万引きの女性を取り押さえたが何もしゃべらないため警察で調べてくれませんかとの電話があった。警備室には顔見知りの先輩がおり、万引きはその場で注意にとどめておくことが多いが、今回は手に負えなくなってしまったといっていた。万引きをしたというのは三十歳ぐらいの小柄な女性であったが、言葉をかけてもうつむいたままであったから表情はわからない。

話を聴きたいので警察まで来てくれませんか、というと重い腰をあげたため声は聞こえることがわかった。本署でも相変わらず無言であり、説得をつづけるとようやく住所と名前を名乗った。確認のために電話すると人違いであり、罪を免れようとしていたことがわかった。女性がどんな気でいたかわからないため、そのことを責める気にはなれなかった。他人の名をかたって罪を免れようとしても、おこなわれたことは取り消すことができないんですよ、と言い聞かせた。すると、新聞に出されても困るし、主人に知られると大変なことになるんですと涙ながらに話した。

住所と名前を名乗って万引きしたことを認め、反省の言葉を口にするようになった。どのように取り扱うのがベストか考え、自殺を防ぐために主人に警察に来てもらった。部屋に入ってくるなり怒鳴りつけ、女性が恐れていたことが現実のものとなった。万引きだけであったら新聞記事にならないとしても、他人の名をかたったとなると、おもしろく取り上げられるかもしれない。そうなればますます事態は悪化し、本人だけでなく家族の将来にも大きく影響をおよぼすことになりかねない。万引きという病にとりつかれてやめられなくなった人がいることも知っており、なんとかして更生させてやりたいと思った。

「どのようなつもりで万引きをしたかわからないが、盗みが悪いことであることはわかっていると思うんです。このことは生涯忘れることができないと思いますが、これを糧にすればよりよい生き方ができるのではないですか。過去に万引きをしたかどうかわかりませんが、被害品は返っているし、反省していれば微罪処分にすることができるんですよ。ふたたび万引きをすれば逮捕されるかもしれないし、それでもやめられないとなると刑務所にいくようになるかもしれないんです」

夫にも聞かせるようにさまざまな話をすると、女性の表情にわずかな変化が見られた。いつまでも責めるより、夫が温かく迎えることができれば立ち直ることができるのではないか。万引きをする人もさまざまであれば、担当する刑事の取り扱いも一定しているとはかぎらない。取り調べのいかんが人の生き方に影響を与えることもわかっており、夫がお世話になりましたといったとき、立ち直ることができるのではないかと思った。

⑤　大金をねらったひったくり

刑務所を出たが働く場所がなかった。生きるためには、盗みをするかだます以外の方法が見つからない。車上ねらいや忍び込みで捕まったことがあり、今度は一挙に大金をねらうことにした。給料日に銀行から現金を降ろす人をターゲットにし、客を装って銀行の店内に入って下見をしてどこに防犯カメラが設置してあるかなど調べた。

盗んだ自動車で遠くまで出かけていって銀行に入り、大金を受け取った中年の女性の後をつけた。信号待ちをしていたとき後ろから近づき、手にしていたカバンをひったくると女性が大きな声を出した。声を聞きつけた若い男に追いかけられたため、道路にあった自転車を盗んで追跡を振り切ることができた。

これが事件のあらましであり、被害者の届け出によってトレンチコートを着た犯人の追跡が始まった。無線で手配となったため各所で検問が実施され、追跡捜査をつづけると盗難の自転車が乗り捨てられていた。一方通行の道路を逆走してタクシーと接触しており、運転手さんの話によってトレンチコートを着ていた男とわかった。右前方に接触した跡のある白っぽい自動車の手配となり、捜索をしたところ医院の駐車場に乗り捨てられていたのを発見した。医院の人の話によると、トレンチコートを着た若者がトイレを貸してくれと立ち寄り、脱ぎ捨てて逃走したことがわかった。

事件が発生してから三十分後のことであり、どのように変装してどのように逃げたのかわからない。医院の近くの道路にとめておいたグリーンの自動車を盗まれたとの届け出があり、逃げた男のしわざと思えたためグリーンの自動車の手配をした。すべてが後手後手になったため、どうしても犯人を見つけることができなかった。

医院にとめてあった自動車は警視庁管内で盗まれたものであり、綿密に指紋の採取などがされた。グリーンの自動車は事件のあった翌日に都内で駐車違反をしており、盗難車とわかったため警視庁から連絡があった。捜査員が出かけて綿密に実況見分をして指紋の採取をし、燃料が満タンになっていたため新たに給油されたことがわかった。車内からたくさんの指紋を採取して犯人を割り出すことにしたが、これは根気のいる作業であった。

三か月ほどしたとき、医院に乗り捨てた指紋により川鍋さんの犯行と思われた。身辺捜査をすると定職についておらず、バーやキャバレーなどに出かけるなど派手な遊びをしていた。指紋が決め手になって逮捕状を得たため、警視庁の協力を得て追跡捜査となった。レンタカーに給油しているところを職務質問すると偽名を使っていた。免許証と照らし合わせ、本人に間違いないことがわかって逮捕して取り調べた。初めは否認していたが、指紋が決め手になってしぶしぶと認めるようになった。

「ひったくりは顔を見られてしまうため、遠くに出かけていたから割れるとは思わなかった。指紋を残さない自信があったが、逃げるときにタクシーに接触し、あわてていたので指紋を消し忘れてしまったんだ。一度に数百万円をかせぐことができたため、生活費だけでなく遊興費などに使うことができたし貯金することもできたよ。ひったくりには妙味があったためつづけていたが、乗り捨てた自動車に指紋を残したのがまずかった」

家宅捜索をしてさまざまな資料を押収し、定期預金にしたり両親に高級な寝具を買い与えていた。友人を連れてバーやキャバレーにいったこともわかり、盗んだ金で生活や遊びを満喫していたようだった。余罪の捜査をすると、刑務所にいってから再逮捕されるのはいやだといい、二件のひったくりを認めた。

人は危機的場面に遭遇したときに本性を現すといわれているが、あわてて逃げたために指紋を消すことを失念していたようだ。川鍋さんもまじめに働きたいと思ったことがあったが、盗みの方が短時間に大金をかせぐ魅力があったのでやめられなくなったという。刑務所で更生できるように教育を受けたり技術を学んだりしていたというが、川鍋さんは仲間の話を聞いてひったくりに役立てていた。

⑥黙秘と断食の常習者

中年の男がアパートに盗みに入り、住民に見つかって逃走した。追いつかれると抵抗したために押さえつけられ、一一〇番通報によって警ら中のパトカーが急行した。引き渡しを受けた巡査が本署に連行してきたため、当直になっていた能勢警部補が取り調べた。

身元を確認することにしたが、どのように尋ねても口を開こうとしない。指紋の採取を拒否したため強制的に採取すると、本籍が西山県の竹山武雄で年齢が三十七歳とわかった。窃盗の前科が二つもあって白田警察署から指名手配されており、二十万円ほどの現金と二個の指輪を持っていた。誤りのないようにするため持ち物を写真に撮ったが、指輪はアパートの婦人が盗まれたものとわかった。どのように追及しても口を開こうとせず、説得しても何もしゃべらない。竹山さんが持っていた指輪は盗んだものに間違いないと思われたので追及すると、おれが盗んだというんなら警察で証明すればいいことじゃないかと反発した。初めて口を開いたがそれ以降は何もしゃべらず、留置場に入れられても食事に手をつけようとしない。

看守の話によると朝飯も口にしなかったといい、取り調べを再開すると口を開いた。警察にやってきてからダイヤの指輪を盗まれてしまったが、犯人を捕まえてくれないかと言い出した。竹山さんの所持品をすべて写真に撮ってあるが、その中にはダイヤの指輪はなかったよというと、警察のやっていることなんか信用できるもんかと言い放った。どのように説得しても取り調べには応じようとせず、捜査の不正をなじるばかりであり、その後は何を尋ねてもしゃべらなくなった。

身柄が検察庁に送られて検察官の取り調べでも否認しており、裁判官から十日間の勾留が認められた。断食と黙秘の抵抗は依然としてつづいており、取り調べは難航するばかりであった。取り調べが生ぬるいのではないかという声が聞かれたが、マイペースの取り調べを変える気にはなれなかった。患者にさまざまな病があるように犯人だって病を抱えており、犯罪心理学的な興味を抱きながら取り調べをすすめた。

能勢警部補は囲碁をしていたが、勝敗にはこだわらずに一手一手を楽しみにしていた。取り調べにあっても、真実を明らかにすることを心がけており、あえて自白を求めようとはしなかった。修行僧ならいざ知らず、窃盗の常習者と思える男がいつまで断食をつづけられるか気になった。健康が気遣われたので警察医に診断してもらったが、異常がないとのことであった。

検察官の取り調べでも黙秘をつづけており、十日間の勾留期限が切れるとふたたび十日間の延長となった。どうしても黙秘の壁を破ることができず、逮捕して二週間が過ぎたとき、ふたたび警察医に来診してもらった。

「警察の話によると、この前にきたときから何も食べていないというじゃないか。医師として見過ごすことはできず、女房につくらせたおむすびを持ってきたから食べたらどうかね。わたしは警察の捜査にはまったく関係はないし、健康が気遣われるだけだから気にすることはないよ」

腹を空《す》かしていると思われたが、妙なプライドがあったらしく食べたいようなしぐささえ見せなかった。医者として食べるのを見届けないかぎり帰ることはできないよといわれ、ようやく決意したらしかった。先生に迷惑をかけては悪いからいただくことにするかといい、照れ隠しのようにしておむすびを口にした。おむすびを食べたことがきっかけになり、留置場の食事もするようになったが黙秘の姿勢は崩そうとしなかった。どうして断食や黙秘をつづけていたかその理由を聞きたかったが、刺激したくなかったので取りやめた。食事をするようになると少しばかり変化をきたし、雑談には耳を傾けるようになった。

「竹山さんが盗んだという証拠はないが、盗まれた現金や指輪を持っていることは間違いないことなんだよ。どこで手に入れたのか話してくれれば、買ったものかどうかはっきりすると思うんだ」

「おれは好き好《この》んで警察にやってきたんじゃないんだ。おれが盗んだというんなら警察で証明すればいいことじゃないか」

否認の態度が少しばかり変わってきたが、いまだどのように考えているかわからない。盗んだ物はおれの物だと考えている犯人を取り調べたことがあったが、危険を犯して手に入れた物だから手放したくない気持ちがあったようだ。多くの犯罪者に共通しているのは不利なことは隠したがる傾向にあり、いまだどこに住んでいたか明らかにできない。

竹山さんは拘束されていても、心まで縛られているわけではなかった。黙秘しようとウソをいおうと自由であり、毎日が言葉のキャッチボールみたいになっていた。返ってくる言葉はあまりにも少なかったが、二回目の勾留が切れる前に強盗致傷の罪で起訴された。二十日間以上の拘束がつづいたためか、鋭い目つきがだんだんと柔和なものになってきた。刑事に追われることもなく、規則正しい生活に慣れてきたからかもしれない。起訴されると心に多少の変化をきたしたらしく、雑談にも応じるようになった。どんな生活をしていたか知りたくて探りを入れ、推測できるようになった。

このようにしてアパートを突き止めることができたため、令状を得て家宅捜索をした。高級カメラやたくさんの貴金属や洋酒など押収し、これらのぞう品照会をするといくつも盗まれた品物があった。竹山さんは情婦には偽名を使い、妻が交通事故で死亡したとウソをいっていた。建設会社の現場監督をしているといって各地をめぐっており、盗みを常習的にしていたものと思われた。盗まれたカメラや指輪の入手先を追及しても、買った物だとか、わからないというばかりであった。

「竹山さんがほんとうのことを話したくない気持ちはわかるが、どのように話したらよいか留置場で一晩考えてくれないか。これはあすまでの宿題とするが、答のいかんによってはつぎの宿題を出すことにするよ」

　このように仕掛けてその日の取り調べを打ち切ったが、翌日になってもわからないというばかりであった。まじめに生きたいと思ったらすべて話すことにするんだねというと、それはできないねといった。毎日のように取り調べているうちに妙な人間関係が生まれたが、取り調べる者と取り調べられる者の立場が異なっていたから、しっくりすることはなかった。竹山さんが黙秘したり断食する気持ちがわかるようになったが、盗まれた被害者のことも考えてくれないかといって取り調べを打ち切った。

　被疑者の更生を願いながら取り調べをしたためか、覚悟を決めたらしく本心を打ち明けた。

「警察に反発したい気持ちがあったし、ドジを踏んだおれに腹立たしくなって黙秘と断食をしたんだ。おれはあちこちで盗みをしているが、証拠があるものは盗んだことを認めるよ。まじめに生きたいという気持ちは少しはあるが、盗みがやめられる自信はないね」

　いままでにたくさんの窃盗の被疑者を取り調べてきたが、このようなタイプの者は初めてであった。竹山さんの気持ちは想像するしかなかったが、権力に屈服したくなかったのかもしれない。共犯者をかばっていると思えたが、資料がなかったので追及することができなかった。四十三日間におよんだ捜査の幕を閉じることができたが、これは竹山さんと能勢警部補の闘いみたいなものであった。

二　殺人

①　復縁を迫った男の執念

殺人者の異常な行動は、ふつうの人には理解しがたいことが多い。多くの殺人事件を取り扱ってきたため、心情が理解できるようになった。落ち度もない人の命が奪われるという残忍な行為であるが、特別な人間であるとはかぎらない。罪を犯す動機はさまざまであり、怨恨であったり夫婦や親子の関係であったりする。どのようなトラブルでも長くつづくと我慢の限界に達し、取り返しのつかない事態を招きかねない。人を殺すことは悪魔のしわざのように思えるが、ふつうの人間であることも少なくない。なんらかのきっかけで心が揺れ、心理状態がおかしくなったりすることもある。

午前八時四十五分にかかってきた一一〇番通報は、美容師が刺し殺されたというものであった。ただちに全署員が非常召集され、全力をあげて捜査に取り組むことになったが、現場は郊外の閑静な住宅街の美容店であった。殺されたのは三十八歳の婦人であり、首や胸などに数か所の刺し傷があった。店内には犯行に使ったと思われる果物ナイフが落ちており、玄関から道路にいたるまで足跡があった。その後は自動車で逃走したものと思われたが、行方がわからない。

近隣の人たちの聞き込みにより、以前から夫婦仲が悪くて離婚話が持ち上がっていたという。女の子と三人で暮らしていたといい、夫の犯行の疑いがあったが四歳になる女の子の所在がわからない。夫が連れ去ったものと思われたため二人の行方を探していたところ、四時間ほど経過したとき知人に連れられて警察にやってきた。

「親類の人や仲人が仲に入って話し合い、無理矢理に離婚を承諾させられたのです。正式に離婚となれば住む家も探さなければならず、子どもを抱えていては生きていく方法を見つけることができなかったのです。あすは書類が裁判所に提出されることになっており、それを取り止めてもらおうと思ったのです。思い直してもらおうと思って話し合いをしたのですが、口汚くののしられてしまったのです。カッとなって用意していた果物ナイフで胸や腹を刺し、自殺しようと思ったのです。子どもを自動車に乗せて川原に連れていったのですが、どうしても道連れにすることができなかったのです。どうすることもできなくなってしまい、知人に相談すると警察に自首するほかないといわれたのです」

「どうして奥さんと再婚するようになったのか、差し支えなかったら話してくれませんか」

「酒癖が悪いために二年前に協議離婚となり、三歳になる長女を引き取って育てていたのです。苦労していたとき知人の紹介でえり子と見合いをし、交際していると子どもがなつくようになったのです。結婚したが好きな酒がやめられず、働くのもおっくうになってしまったためだんだんと愛想を尽かされるようになったのです。きのう、仲人や親類の人が仲に入って無理矢理に離婚させられたが、どうしても別れる気になれなかったのです。よりを戻してもらおうと思って話し合い、畳に手をついて土下座をし、こんどこそまじめに働くから離婚を思いとどまってくれないかと頼んだのです。いつもそんなことをいって謝るが、一度もまじめに働いたことはないではないですかとなじられ、カッとなってしまったのです」

どうして果物ナイフを用意したのか尋ねると、心中しようと思ったからだといった。心中というのは愛し合っている夫婦や家族が、希望を失って一緒に死ぬことである。この男の場合は妻を殺して長女と一緒に死のうとしたものであり、心中とは言いがたいものであった。酒が好きで仕事がきらいであり、美容師の妻の収入を頼りに生きていたとあっては離婚されるのも無理からぬことであった。男女の付き合いはさまざまな形でおこなわれているが、子どもを抱えて生きていた男に同情して結婚したための悲劇であった。

② 母子共謀の殺人

子どもが親を殺したり、親が子どもを殺す事件は珍しくはない。折檻されて幼児が死に追いやられたり、介護や育児にまつわる悲劇も後を絶つことがない。ささいなことのように思えていても不平や不満が蓄積され，我慢の限界に達すると、のっぴきならない事態になったりする。家庭内の悲劇はさまざまであり、勉強するように叱りつづけていたため息子に殺された父親もいれば、親に反抗して殺された息子もいた。

一人の若者が父を殺したとして自首してきたため、事情を聴いた。

「高校を卒業して料理店で働いたり運転手などしていましたが、いまは会社に勤めているのです。いつになっても父を殺したことを忘れることができず、どのようにしたらよいか悩んできたのです。五年ほど前のことでしたが、酔っぱらって無心にやってきた父が母をいじめたため、父が憎くなって殺してしまったのです。そんな父であったが、父がいなかったらわたしが生まれていないことがわかるようになったのです。思い切って信頼のできる上司に打ち明けると、警察に自首する方がよいといわれたのです」

「どのようにして殺し、死体をどのようにしたのですか」

「ギャンブルとアルコールに凝った父と一緒に暮らすことができず、アパートで母と暮らすようになったのです。父は酔っぱらってきては母に金の無心をし、断ると乱暴することが何度もあったのです。パートで働いていた母が気の毒になったが、それでも父に手向かうことができなかったのです。父が母を殴ったり蹴ったりしたのを見て我慢できなくなり、やめさせようとしたところ、わたしに殴りかかってきたのです。取っ組み合いになって首を絞めたところぐったりし、暗くなって裏山まで運んで埋めたのです」

　このように供述をしたため、死体を探すことになった。現場の付近は宅地造成されて様変わりしており、どうしても場所を特定することができない。一人で死体を運んだ話にも矛盾があったので追及すると、かばいきれずに母と一緒だったと話したため母親の話を聴いた。

「東京の中華料理店で働いていたときに結婚をし、夫の郷里で中華料理店を始めたのです。営業は順調にいっていたのですが、友人に誘われて競輪にいって大穴を当ててから病みつきになったようでした。店の売上金を持ち出すようになったので注意するとケンカになり、質に入れたりサラ金からも借りるようになったのです。いつになっても酒やギャンブルがやめられず、ついに廃業に追い込まれてしまい、アパートを借りてパートで働いて中学に通う長男と暮らしていたのです。酒を飲んでやってきては金をせびり、断ると乱暴されたのです。このようなことがつづいていたが、この事件があったのは六年前の十二月の半ばでした。いつものように酔っぱらってやってきて金をせびられ、断ると乱暴されたのです。見かねた息子が取り抑えると取っ組み合いになり、わたしがパンティストッキングで首を絞めるとぐったりしたのです。死んだことがわかると、どうしたらよいかわからなくなり、息子と話し合って暗くなってから自転車で裏山まで運び、シャベルで穴を掘って埋めたのです」

息子さんは五年前といっていたが、母親の六年前が正しいことがわかった。母親がこのように供述したため、埋めた場所を発掘すると白骨化した遺体を発見することができた。二人を殺人と死体遺棄の容疑で逮捕して取り調べたが、自首しなかったらいつまでも発覚しなかったに違いない。はたからはささいな出来事と思われていたかもしれないが、当事者にとっては深刻なことであった。警察に訴えることもできず、このようにする以外の方法を見つけることができなかったのかもしれない。自首した息子さんは重荷から開放されたようだったし、母親にもさばさばした表情が見られたことが救いであった。

ギャンブルやアルコールなどの依存症になった人は、人に迷惑をかけることが少なくない。本人にはやめたいという気持ちがあってもやめられないのは、理性でコントロールするのがむずかしいからかもしれない。ギャンブルやアルコールをやめられなくなった夫は、妻と長男によって命を絶たれてしまった。

③　殺された間男

一一〇番通報にはさまざまなものがあるが、男が刃物で刺されたというものであった。現場に到着すると、被害者は救急車で運ばれるところであり、座敷にあがるとべっとりと血がついていた。泣き崩れていた女性のそばに出刃包丁を手にし、呆然と立ち尽くしていた男がいたため、その者の話を聴いた。

「わたしは長距離のトラックの運転手をしており、仕事がキャンセルになったので家に戻ったのです。玄関に入ると見慣れない男物の靴があり、おかしいと思いながら部屋に入ると妻と見知らぬ男が裸で風呂場から飛び出してきたのです。カッとなって台所にあった出刃包丁で男を刺すとその場に倒れてしまい、一一九番に電話して救急車でどこかの病院に運ばれたのです」

泣き崩れていた妻に事情を聞くのも忍びなかったが、どうして男と風呂に入るようになったのか聞いた。

「主人はまじめで酒を飲まないが、わたしは酒が好きなためトラブルになったりするのです。憂さ晴らしにカラオケバーにいくようになったが、主人が帰るときには家で待つようにしていたのです。カラオケバーにいくようになると、何人とも付き合えるようになったのです。妻が病弱だという並木さんとはとくに親しくなり、主人が長距離の運転に出かけたとき家に招くようになったのです。酒やビールを飲むようになったのですが、きょうは初めて一緒に風呂に入ってしまったのです。玄関を開ける音がしたのであわててしまい、着替える間がなかったので裸のまま飛び出したのです。主人がカッとなったらしく、台所の出刃包丁を持ってきて並木さんが腹を刺され、救急車で病院に運ばれたのです」

病院に問い合わせると、並木さんの死亡が確認された。身元の確認のために奥さんに電話することにしたが、いきなり死亡を伝えることができず、だんなさんがけがをして清水病院に運ばれましたと伝えた。病院にやってきた奥さんは気丈なのか、それとも愛想を尽かしていたのか、悲嘆にくれた様子は見られなかったという。

円満に見えている家庭でもトラブルを抱えていることもあり、家庭内のことははたからはわからない。夫は酒を飲まず妻は酒が好きであるといい、そのことに妻は不満があったという。夫に話すことができなかったし、夫も妻の浮気にまったく気づいていなかった。お互いにざっくばらんに話し合える仲になっていたり、夫が妻の浮気に少しでも気づいていたら別の展開になっていたかもしれない。まじめな夫には一筋に生きようとしていた気持ちが強く、臨機応変の措置をとることができなかったのかもしれない。浮気は妻にとって楽しかったのかもしれないが、夫は殺人の罪で逮捕され、愛人は殺されてしまった。

夫は殺したことをさかんに悔いていたが、殺された人の命は戻ることはない。妻も夫ともっと話し合えればよかったといっていたが、どんなに悔いても元に戻ることはない。このような結果になることはだれも予想できないことであったが、間が悪かったために最悪の事態になってしまった。

④ 長男を折檻した母親

親が子どもをしつけるとき、度が過ぎるといじめにもなる。子どもが友達にいじめられるケースは珍しいことではないが、ふざけ半分であったりする。いじめる方は楽しいかもしれないが、いじめられる者にとっては深刻である。だれに話すこともできずに悩みつづけ、自殺の道を選んだりする。重大な結果にならないと見過ごされてしまうため、防ぐのがむずかしい。

育てるのがめんどうになり、幼児を虐待したり放置したりして死に追いやる親がいる。殺されたりすると警察が動いたりニュースになったりするが、これは家庭内でひそかにおこなわれるためわかりにくい。病院からの電話は、母親が幼児を連れてきたがすでに死亡しており、体のあちこちに傷があるというものであった。

病院に駆けつけて体を調べると、あちこちに殴られたような傷があり、母親に任意同行を求めて事情を聴いた。

「六歳になる長女と三歳の長男と三人で暮らしていますが、長男がぐずぐずいって食事をしようとしないのです。腹が立ったのでそのままにしてしまい、三十分ほどして部屋に戻るとぐったりしていたのです。すぐに病院に連れていったのですが間に合わず、死んでしまったのです」

「腕にヤケドの跡があり、腕や足にも皮下出血がありますが、どうしてできたのですか」

「いたずらをしたり、遊んで転んだこともありましたし、ヤケドはストーブに触れたものです」
「どのようないたずらをしたかわからないが、自分の背中に傷をつけることができないので
はないですか」
「しつけのつもりでわたしが殴ったのですが、どうなってもいいと思ったから医者には連れ
ていかなかったのです」

解剖の結果、直接の死因は外傷性ショックであったが、胃の中は空っぽに近い状態であっ
た。長いこと食事も満足に与えられず餓死状態になっていたことがわかり、殺人の容疑で逮
捕して本格的に取り調べをした。
「胃の中が空っぽに近い状態であることもわかったし、あちこちにヤケドの跡や殴られたよ
うな傷跡がありますが、それらについて説明してくれませんか」
「逮捕されてしまっては、すべてほんとうのことを話すことにします。酒乱であった夫にい
じめられて我慢できなくなり、協議離婚することができたのです。四歳の長女と生まれたば
かりの長男を引き取ったのですが、長男を育てることができずに乳児院に預けたのです。二
歳になったとき引き取らざるを得なくなったのですが、育てるのがめんどうだったのです。
長女はわたしに似ていたのでかわいかったが、長男は夫に似ていたので憎らしかったのです。
ますます育てるのがいやになり、食事を与えてもぐずぐずいって食べようとしなくなったの
です。夫にされたように殴ったり蹴るようになってしまい、ケガをさせても医者に連れてい
く気になれなかったのです。食事を与えなかったものだからだんだんとやせ細り、このまま

では死ぬかもしれないと思うようになったのです。死んでもかまわないと思っていたから医者に連れていく気にもなれず、死んだことがわかったので連れていかざるを得なかったのです」

ヤケドの跡について追及すると、やかんの熱湯をかけたといい、日常的に虐待していたことがわかった。子どもがなつかなかったから折檻したというが、このような乱暴を加えていたのではなつくはずがない。子どもは親であるかどうかは関係がなく、親切にしてくれる人を好きになるものである。憎しみは途切れることもなくつづけられ、幼児の死によって終わりを告げたが、感情のコントロールができなかったのかもしれない。別れた夫を憎んでいたとしても子どもに当たり散らすのは筋違いであり、殺人の罪に問われても致し方のないことであった。

検察官は常軌を逸した残虐な行為であるとし、情状酌量の余地はないとして殺人の罪で八年を求刑した。これに対して弁護士は、これは一種のしつけであって殺す意志がなかったことは明らかであると反論し、傷害致死にするように求めた。被告人は反省の言葉を口にしており、一人ぼっちの長女がかわいそうだからと涙で訴えていたが、どんなに反省しても残虐な行為が許されるはずはない。何回かの公判を重ね、逮捕から六か月が経過したとき弁護士の主張が入れられて傷害致死で懲役五年の実刑が言い渡された。ところが判決文では、死亡した幼児が受けた苦痛と恐怖は想像するたびに胸が痛み、母親の資格はまったくないと断罪された。

⑤　残忍な強盗殺人

　ホテルや旅館には不特定な人が宿泊し、無銭宿泊などのトラブルがあったりする。偽名で温泉旅館に泊まり、団体客が宴会をしているすきをねらって客室を荒らしていたどろぼうがいた。火災によって多数の宿泊客が死亡したことがあるが、今回は殺人事件が起きていた。

　鉄道の要衝になっている高丸駅の付近には、ホテルやデパートやマンションが林立しており、その片隅に戦災の被害を免れた木造三階建てのひなびた旅館があった。交通の便のよさと料金の安さが売り物になっていたため、わずか六部屋であったが予約なしには泊まれないほどだった。

　この旅館を一人で経営していたのは、七十三歳の婦人であった。何者かによって殺されたため捜査本部が設置されたが、本部長になった警察署長はこの種の捜査の経験が少なかった。陣頭指揮に当たっていたのは捜査第一課長であり、てきぱきと捜査員に指示していた。不特定多数の客が利用している旅館での発生であり、客は多方面にわたっていたから捜査の難航が予想されていた。

　被害者は鋭利な刃物で首を切られていたが、怨恨によるものか物盗りのしわざかはっきりしない。残忍な方法で殺されていたため、凶悪な犯人の見方をする捜査員も少なくなかった。納戸のタンスの棚の上にあった風呂敷には、二通の預金通帳があったが現金は見当たらない。居間の座布団の下にも二つ折の財布があったがそれには手がつけられず、一万円札が二枚と千円札が五枚と百円硬貨などがあった。居間の茶ダンスは半開きになっていて小さな木箱は空になっており、長男の説明によるといつも小銭が入っていたという。

玄関は開放されていたが、犯人が外部から侵入した形跡は希薄であった。旅館には二階と三階に三つの客室があり、二名の女性と四名の男性が宿泊していたことがわかった。事件が発覚したときに二名の女性は旅館にいたため事情を聞くことができ、昨年までは宿泊人名簿にしていたが、ことしからは各自がメモを書いて渡すようになったという。四名のうちのだれかの犯行と思われたが、いずれも遠方の人であった。身元の照会をすると三名は実在していたが、一名の住所は架空であり該当する人物も見当たらない。

実在していた三名は本名であったため、地元の警察署に捜査の依頼をして容疑は希薄であることがわかった。所在のわからない男が泊まっていたのは二階の一号室であり、タバコの吸い殻によってO型とわかった。湯飲み茶碗から指紋が採取されたが、不鮮明なものであったから犯人を特定するのが困難であった。メモに書かれていたのは金くぎ流であったが、過去に泊まった宿泊人名簿から似たような筆跡を探すことにした。筆跡の鑑定ができるような刑事はいなかったし、過去五年間の宿泊客は一万人ほどに達していたため、気が遠くなるような作業であった。

調べているうちに気がついたのは、県内に住んでいたのに旅館を利用していた客がいたことだった。宿泊するよりタクシーを利用する方が安上がりではないかという疑問が生まれ、県内の利用者について調べた。宿泊人名簿にあった大井さんの筆跡がやや似ていたため、焦点を当てて調べた。窃盗の犯罪歴があったし、血液型がO型であって採取した指紋と対照するとわずかに一致点が見られた。大井さんが宿泊したのは二回であったが、その日に旅館では現金が盗まれて被害の届け出がなされていた。容疑がますます濃厚になり、さらに捜査をつづけたが、どうしても決め手を見つけることができない。

捜査の検討会議が開かれ、署長は引き続いて捜査をして証拠を求めるように指示した。捜査一課長も逆らうことができなかったが、能勢警部補は持論を述べることにした。新たな資料の発見は困難であるし、一部ではあるが指紋が似ており、任意出頭を求めて取り調べをして自供を得ることができたら逮捕したらどうですかといった。捜査の状況は逐一上司に報告されていたが、現状をもっとも知っていたのは第一線の刑事であった。そのために署長も課長も反対することができず、大井さんの任意同行を求めることになった。

駅前旅館に泊まったことがあるかどうか、そのことで聴きたいので本署に来ていただけませんか。このように尋ねると返事を言い渋っていたが、断る理由が見つからないらしく自ら自動車に乗った。本署にやってきたので能勢警部補が取り調べをしたが、駅前旅館に泊まったことを否定していた。実名で泊まった資料を突き付けると泊まったことを認めたが、偽名で宿泊したことは徹底して否定していた。旅館に泊まるよりタクシーを利用した方が安上がりではないかと追及すると行き詰まってようやく重い口を開いた。

「駅前旅館に泊まったとき、年寄の女性が一人で経営しており、すきを見て現金を盗み、その後も金を盗んでいます」

供述の内容が被害届の内容と合致したため、窃盗の容疑で逮捕して取り調べをした。窃盗事件の捜査が終えたので殺人の容疑で取り調べをしたが、極刑になることを恐れていたらしく徹底して否認していた。矛盾を見つけては追及していくと、だんだんと弁解に行き詰まってしまい、ついに偽名で泊まって殺したことを認めた。

「大金を持っていることがわかったため、こんどは脅して金を奪うつもりでした。メモには筆跡がわからないようにして偽名で書き入れ、三千円の料金を支払って予約したのです。金物屋で出刃包丁を買って二階の一号室に泊まり、お茶を飲んだりタバコを吸うなどしてお客が寝静まるのを待ったのです。経営者の寝室にいって庖丁を突き付けて金を出せと脅したが、拒否されてしまったのです。顔を見られていたから殺すほかはなく、庖丁で首を切って殺してから現金を探したのです。落ちついて探すことができなかったため、奪うことができたのは数万円でした。庖丁の血は被害者の衣服でぬぐいカバンに隠し、家まで持ち帰ったのですが、翌日の夜に近くの川に投げ捨てたのです」

供述が犯罪現場との状況と合致したため殺人の容疑で再逮捕し、機動隊員によって流れのある川を捜して凶器の出刃包丁も発見することができた。犯罪の事実を明らかにすることができたが、はっきりさせることができなかったのは、殺人の動機であった。前には本名で泊まって盗みをしていたが、今回は旅館に泊まる直前になって強盗を考えたという。そのためメモに偽名を書き、それから市内の金物店から出刃包丁を購入していた。供述には少なからず矛盾があり、計画から実行にいたるまで心が揺れていたようだった。大井さんの気持ちを推し量るのは困難であったし、凶悪な殺人の犯人とは思えない優男であった。

⑥　色魔の連続誘拐強姦殺人

これは世間を震撼させた連続誘拐強姦殺人死体遺棄事件であり、あまりにも複雑怪奇であったため簡略することにした。

バイクに乗ってあちこちめぐり、一人で歩いていた若い女に声をかけて巧みに誘った。バイクに乗せて公園にいって話をし、親しみが増して暗くなると劣情をもよおしてきた。承知してくれるものと思ってパンツを脱がせようとすると逃げだし、通行人に見られたために深追いできなかった。二日後に二人の刑事に連行されて取り調べられ、いろいろと弁解したが強姦未遂で逮捕されてしまった。検察官も弁解を聞き入れようとせず起訴され、懲役一年六月で執行猶予三年の刑を言い渡された。

判決を受けてから一年ほどしたとき、街の中を一人で歩いていた若い女に声をかけた。喫茶店に誘ってコーヒーを飲みながらさまざまな話をし、親しくなったのでドライブして川原にいって暗くなるのを待った。パンツを脱がせようとすると激しく抵抗されたため、殴るなどして押さえつけて強姦した。このときも訴えられて警察に逮捕されてしまい、どんな弁解も受け入れられずに懲役二年の判決を受け、執行猶予が取り消されて三年六月を刑務所で過ごすことになった。

出所したときの役に立つために技術を身につけたり、情操教育を受けたりしたが一日一日がとてつもなく長く感じられた。世間では前科者としてつまはじきにされていたが、ここではみんな罪を犯した仲間だから気を許して話し合うことができた。酒を飲むこともタバコを吸うことも、女を抱くこともできないのが苦痛であったが、まじめに働いたから六月の仮釈放をもらうことができた。

働き口は見つからず、刑務所生活は懲りたため、個人で商売を始めたいと思って資金をつくることにした。道路工事の手伝いや日雇いをするなどしてがむしゃらに働いたため、一年半ほどで百万円以上の貯金をすることができた。どんな商売がいいか探していたとき知人の口利きにより、乳業の販売代理店となることができた。

浮気の虫がふたたびうずくようになり、憂さを晴らすために女を求めるようになった。刑務所で身につけた知識を生かすことにし、一人で歩いている娘に優しい言葉をかけると誘いに乗る若い女がいた。喫茶店に入ってコーヒーを飲みながらさまざまな話をし、強姦しようと思ってドライブに誘うと拒否されてしまった。それでもあきらめることができず、一人でしょんぼりと歩いていた娘を誘うことができた。すぐに強姦することができず、付き合っているうちに親しくなってモーテルにいくことができた。性欲を満たせるようになったため交際をつづけていると、妊娠したことを告げられて結婚を申し込まれた。偽名を使ってウソをいっていたから返事をすることができず、執拗に申し込まれたため断ることができなくなった。ウソをいっていたことを詫びると許してくれたため、正式に結婚することができ本気になって牛乳の販売をつづけることができた。

長男が生まれて家庭生活も営業も順調にいっていたが、配達先の牛乳が盗まれるというトラブルが発生した。張り込んで捕まえると、盗んだのが商売敵《がたき》の同業者の息子とわかった。警察に訴えずに示談することにし、強い口調で大金を要求したために恐喝で訴えられてしまった。原因は少年が牛乳を盗んだことにあると主張したが取り上げてもらえず、公判でも無実を訴えたが退けられて懲役一年、執行猶予四年の刑を言い渡された。

逮捕されたことが響いてますます営業不振に陥り、再建が困難になって閉店のやむなきにいたった。妻にも愛想を尽かされ兄弟にもきらわれて自暴自棄になってしまい、性欲を満たして金をだますために結婚詐欺を思いついた。二人まではだますことができたが、三人目で警察に訴えられて詐欺で逮捕されてしまった。合意の上だと主張したがどんな弁解も入れられず、懲役二年の刑を言い渡されて執行猶予が取り消されて三年を刑務所で暮らすことになった。

妻や子どものことが気になったので手紙を出したが返事がなく、父親に手紙を出すと面会にやってきた。さまざまなことを話し合ったため、刑務所に入ると妻は二人の子どもを連れて実家に戻ったことを知った。妻がどのような心境でいるか確かめたくなり、手紙を出すと面会にやってきた。いろいろと話し合ったが、子どもの将来のために離婚してくださいというばかりであった。そのことは刑務所を出てからじっくり話し合うことにしたが、その後は手紙を出しても、なしのつぶてであった。

仮釈放になったとき父が迎えにきてくれたため、すぐに妻の実家にいったが妻やその母親の態度は冷たいものであった。母親からは、近所の人には良二さんは病気で死んだと話してあるため、これからは家にこないようにしてくれませんかといわれた。大きなショックを受けて何も言い出せなくなり、前途に希望を見いだすことができず自暴自棄になってしまった。若い女を誘拐しては強姦する以外の生きがいを見つけることができず、父親には商売用にするとウソをいって割賦で自動車を買ってもらった。

画家のような服装をして、あちこち乗り回し、誘いに乗りそうな若い娘がいると、モデルになってくれませんかと声をかけた。ほとんど断られたが、興味を示すと喫茶店にいってコーヒーを飲みながら文学や音楽や絵画の話などをした。頃合いをみてアトリエにいくとウソをいって車に乗せ、ドライブしながら山の中に連れていっては強姦をした。ばれるのをもっとも恐れていたため、首を絞めるなどして殺して持っていったシャベルで山の中に穴を掘って埋めた。

偽名を使って何度もデートを重ね、モーテルにいくなどして親しくなった女がいた。どこでどのように調べたのかわからないが、ほんとうの名前（良二）がわかってしまった。河川敷に連れていってふたたび肉体関係を結ぶことができたが、どのような説明をしてもウソがばれたから信用してもらえなかった。殺すのに忍びなかったが、警察に知られないためにみぞおちを強く突いて気絶させ、脱いであったストッキングで首を絞めて殺した。死んだことを確認し、近くの河川敷に穴を掘って埋めたが心に残る殺しであった。

このようにして何人も強姦しては殺していたが、事件が発覚したのは家出した娘の行方を探していた家族に不審に思われたことだった。誘拐し強姦して殺して死体を埋めたが、女が乗っていた自転車に手を触れたことが気になってしまった。翌朝、自転車のハンドルについた指紋をぬぐっていたのを見られ、言葉をかけられたが返事もできずに逃げた。自動車のナンバーによって身元がわかったらしく、刑事に任意同行を求められて取り調べられたが徹底して否認した。誘拐したことが明らかになって逮捕されて取り調べられ、余罪を追及されて別の強姦した事実も明らかにされてしまった。

　引き続いて殺人の疑いで取り調べられたが、徹底して否認していた。連日のように誘拐した女のことを追及されたため、殺したことを認めざるを得なかった。それでも死体を埋めた場所を話すことはできずウソの供述をすると、その場所に連れられていって発掘したが死体は発見されない。ウソとわかると刑事にもあせりが見られ、ウソ発見器にかけられてしまった。さまざまなことを追及されたため、殺して河川敷に埋めたと話したが、それもウソであった。死体が発見されれば殺人で逮捕されるため、のらりくらりの供述を繰り返したので一体も発見することができない。

　どのように調べたのかわからないが、山の中に埋めた女の死体が発見されてしまった。それは最初に強姦して殺した女であり、暗闇で埋めたためその場所がどのようになっているか見にいったとき、公園の管理人に見られていたのだ。それでも黙秘したり知らないと言い続けていたが、さまざまな資料を突き付けられて認めざるを得なくなった。殺した女がどのような服装をし、どのように埋めたか聞かれて正直に話したため殺人で逮捕された。その事件が一段落すると誘拐事件の女の行方を追及され、殺したことを認めていたが死体を埋めた場所を話す気にはなれなかった。

　弁護士が接見にやってきて、ほんとうのことを話してくれないと弁護ができないといわれた。どのようにいわれても弁護士を信用する気になれず、のらりくらりの話をした。刑事の取り調べがつづいたが、どんなに追及されても正直に死体を埋めた場所を話せなかったのは、二人を殺したことがわかると死刑になることがわかっていたからであった。それでも刑事のねばり強い取り調べにより、だんだんと死刑になる覚悟ができるようになった。誘拐して殺した女を河川敷に埋めたと話し、その場所から女の死体が発見されて第二の殺人事件が明らかにされた。

死刑になる覚悟ができたができるだけ先延ばしにしたが、それにも限界があったためつぎつぎに認めざるを得なくなった。すべてを自供したために事実が明らかになったが、取り調べには数十日を要した。

刑務所を出てから二週間ほどしたときから少女を誘拐し、逮捕になるまで四十五日ほどつづいた。警察に捕まって明らかにされたのは、強姦が三件で誘拐強姦殺人死体遺棄が八件であり、誘拐しようとして声をかけた少女は数え切れないほどであった。妻や兄弟にも愛想をつかされ、刑事も検事も判事も意見を聞き入れようとせず、弁護士も信用できなくなっていた。自暴自棄になり、性欲を満たすことだけが生きがいになっていたため、誘拐しては強姦して殺していた。

破れかぶれになったとき、人間は本能の赴くままに動物のような生き方になったのかもしれない。性の欲求を満たすために少女を誘拐しては殺し、警察に捕まらないように死体を山中や河川敷などに埋めていた。犯罪の動機が甘やかされて育てられた境遇によるものか素因によるものかわからないが、犯人には双方が影響していたものと思われた。この連続誘拐強姦殺人死体遺棄は街頭でうまい話をしては誘っていたが、誘われていたのはすべてうら若い少女であった。人はさまざまな欲望を持っているが、モデルになりたい願望のある少女が少なくないことを知った。

三　変死

①　ベントナイトで圧死

死とは、心臓の動きと呼吸作用が永久的に停止することとされている。死んだからといってすべての細胞がただちに機能を失うわけではなく、時間の経過とともに死体が冷却して死班や硬直が現れてくる。さらに日時が経過するにしたがって腐敗し、やがて白骨化していくことになる。人の体温は通常は摂氏三十六度か三十七度であるが、死亡すると徐々に冷却していく。条件は異なっていても一定の割合で冷却していくため、直腸温度を計ることによって死後の経過時間を推定することができる。

山の中で首つり自殺があったり、睡眠薬を飲んで男女が心中した検視をしたりした。体格のよかった若者が真夜中に急死したことがあったが、体のどこにも異常は見られず原因がわからない。真夜中にうなるような声を聞いたという母親の話が唯一の手がかりであり、本部の検死官に状況を話すとポックリ病ではないかといった。死者は何も語ることができないが、検視によっていろいろ知ることができたし、一人の死亡が関係者に大きなショックを与えていることもわかった。

作業員が死亡したとの届け出があり、山の斜面に建てられた事務所にいった。神妙な顔をして待っていた経営者の話を聞くと、ベントナイト（モンモリロン石を主成分とする白土）の発掘中の出来事だったという。案内してもらうと坑口に小さな荷台があり、三人が乗ると大いに揺れ、坑口から三十メートルほどして止まると外気とかなりの温度差があった。経営者の話によると年間の平均気温が二十度ほどであり、作業には適温だといっていたが、環境は必ずしもよいとは思えなかった。

「こんな暗いところで話し相手もなく、一人で作業をしていると退屈してしまうのではないですか」

ぶしつけな質問をしたことを悔いたが、取り消すことはできなかった。

「このような仕事に我慢できないような人は辞めてしまいますし、残っている者は何年も働いているのです。人を相手にしないから感情的になることはないし、慣れるとまったく苦にならないものですよ。いままでに小さな落盤はありましたが、運が悪かったというほかはありません」

調査しなければ原因はわからないため、照明器具を頼りにして狭い坑道を這うようにすすんだ。数分で事故現場に着くと同僚が呆然と立っており、そばには死体が仰向けになっていた。いつものように合掌してから検視に取りかかり、作業服を脱がせて裸にすると鑑識係が写真を撮った。頭部には異常が見られず、眼瞼結膜には溢血《いっけつ》が見られず死体には温もりがあり、死後、一時間ほど経過しているものと思われた。胸部以外に異常は見られず、遅れてやってきた立ち会いの医師の所見は胸部圧迫による窒息死であった。

検視を終えてから坑内の設備や採掘方法など調べたが、このようなことは初めてであった。通路などには事故防止の方策がとられていたが、採掘現場にはなんの設備もなかった。経営者は安全管理の不十分さを認めていたが、採算を度外視しての安全設備の補強は無理だという。同僚は自分で注意するほかはないんですといっており、おおかたのことがわかった。このような調査は専門家にゆだねる方がよいのかもしれないが、警察でも会社でもこれらの作業の費用の捻出は困難のようだった。

会社からの連絡によって死亡した作業員の妻がやってきたが、一人息子は中学校にいっていて連絡がとれなかったという。変わり果てた夫の姿に抱きついて泣き崩れていたが、慰めの言葉を見つけることができない。悲嘆にくれて自殺したり心中したりすることがあるため、死体を引き渡すときにアドバイスをした。

昼過ぎまで元気で働いていた一人の作業員は、火山灰の微粒子の塊によって圧死してしまった。一人の男の突然の死により、妻と長男の生活が大きく影響されることになり、高校進学を目指している長男の生き方も気になるところであった。会社の人の話によると労務災害が適用されるのではないかといっていたが、精神的なショックは簡単に消えるものではない。

経営者の話によると、ベントナイトは成分がないために農薬や多くの製品の増量剤に利用されているという。いままでは成分がないものは無価値のように思っていたが、このような考えに誤りのあることを知った。人間の生活にも無駄と思えるものが少なくないが、時間が経過したとき価値があったことに気づくこともある。だれも事故にあわないように気をつけているが、ときには防ぐことができないこともある。生き残った者は悲劇を糧にし、よりよい人生を送ることを心がけたいものである。

② 山の中の白骨死体

能勢警部補は山登りや旅や映画にあこがれていたが、いつも所在を明かにしておく必要があった。自由に行動することができないため、テレビを見たりさまざまな本を読むのを楽しみにしていた。目の前に妙義山があったり、近くに川があっても登ったり釣りもできない。山火事があったり遭難があったりすると、思いがけずに山登りをすることができたが、これは公務であった。

日曜日の当直勤務についていた午後五時ごろ、リュックサックを背負った若い男女の一団がやってきた。何事かと思って話を聞くと、裏妙義で白骨死体を発見したという。地図を広げて歩いたコースの説明を求めたが、初めて妙義山にきたため場所がわからないという。山に明るい署員もいなかったため山岳会員にきてもらい、地図を見ながらリーダーにいくつかの質問をした。大きな木がなかったかとか岩場があったかどうか尋ねていたが、妙義山の情景がすべて頭にあるらしくすぐに場所の見当がついたらしかった。

翌日、山岳会員に案内してもらい、輸送車で表妙義までいった。石門を通って鎖を伝わるなどしながら登ると、切り立ったような岩場に差しかかった。岩場の尾根をおっかなびっくり這うような恰好をして渡ると、切り立ったガケに到着した。三十メートルほどのガケを降りることになったが、このようなことは初めての体験であった。模範を示すように山岳会員はザイルを伝って降りていき、つづいてザイルを体に巻きつけて降りることにした。右手と左手を少しずつずらせたが、緊張と怖さのためにスムーズにいかない。オーバーハング（傾斜が垂直以上の岩壁）のところで足が離れそうになると、足を直角に伸ばしてガケにつけるようにと指示された。体に力が入っていたし緊張のために思うように行動ができず、不安を覚えてしまった。ザイルを巻きつけているのだから心配はないと言い聞かせながら少しずつ降り、地表に足をつけたときにはホッとさせられた。

白骨死体は岩場のくぼみにあり、完全に白骨化していたから年齢も性別もわからない。頭蓋骨はわずかに原型を残していたが、動物のいたずらで骨があちこちに散らばっていた。腐らずに残っていたのは、男性の洋服の一部と一枚の名刺とナイロンの靴下だけであった。殺人の疑いは見られなかったものの、どうしても死亡の原因を明らかにすることはできない。付近を捜索すると睡眠薬の空き瓶が見つかり、自殺したものと思われた。

身元を明らかにする手がかりになっていたのは、腐らずに残っていた一枚の名刺のみであった。名刺にあった会社に電話すると、その者は会社のセールスとして働いており、たくさんの人に名刺を渡しているが、自殺するような者の心当たりはないという。身元不明の白骨死体を役場に引き取ってもらい、引き続いて家出人捜索願などから探し出すことにした。

一人の男が死亡していることが明らかになったが、どうしても身元を明らかにすることができず、この男の戸籍がどのようになるのか気になった。白骨死体の検視のために思いがけずに妙義山に登り、ザイルを使ってガケを降りるという貴重な体験をすることができた。

③ 自殺した男の遺書のナゾ

変死体があると、検視をして原因を明らかにしなくてはならない。病死であったり、自殺であることがはっきりすれば捜査の必要がないが、それを明らかにするのは簡単ではない。解剖して死因が明らかになっても、自殺なのか他殺なのかはっきりしないことがある。

友人からの届け出により現場に駆けつけると、遺書を見せられた。それには服毒して自殺するとあり、それが事実であれば自殺したことになるが、先入観を抱くのは禁物であった。衣服を脱がせ全裸にして検視をすると、頭部から耳や口腔内などに異常は見られなかったが、皮膚に青酸反応と思える鮮紅色が見られた。

大学の法医学教室で解剖すると、青酸ソーダの服毒による死亡と判明した。遺書には多少の乱れがあったが、生前の筆跡を対照したところ本人が書いたものに間違いないと思われた。自殺しようとした男がどうして遺書を書く気になったのか、どのようにして青酸ソーダを手に入れたのか不明であった。自殺した男と友人の関係が気になり、どうして遺書を預かったのか尋ねた。

「春山くんは事業をやっていたが失敗し、金融機関や知人からも借金をしていたのです。返済を迫られて困るようになり、多額の保険を掛けて自殺し、保険金で穴埋めしようとしたのです。そのことを相談され、わたしが保険金を支払って受取人になったのです」

友人からも借金しており、どうして自殺して返済に充てようとしたのかわからない。青酸ソーダの入手先について調べると、友人が勤めている会社で使用していることがわかった。入手した経路を友人が知っているかもしれないと思って尋ねたが、まったくタッチしていないといわれた。

真実を明らかにするためには、いくつかのナゾを解く必要があった。友人がどのようにかかわっていたか、慎重に調べたが依然として自殺した理由がわからない。自殺した男が返済を迫られていた時期と、友人が保険に加入した時期が一致していた。遺書によって保険金を弁済に充てようとしていたことわかったが、自殺した男と友人の間になんらかの約束があったように思えてならなかった。遺書には詳しい内容が書かれてなく、友人の説明にも納得できないものがあった。

いくら借金の弁済に充てるとしても、計画的に自殺することができるだろうか。世の中には理解しにくいことは少なくないが、これもその一つかもしれない。種明かしされるとそんなことだったのかとわかったりするが、この事件ではナゾを解くのに悩まされた。わからないことをそのままにしたのでは、いつになっても解決することはできない。冗談で書いた遺書が利用されたのではないかと想定したりしたが、どうしても理解することができない。友人の証言にも信用しがたいものであったし、真実を知っているのは死亡した男のみであった。

友人がカギをにぎっていると思われたため、ふたたび友人の話を聞いた。

「保険金を受け取って弁済に充てることは、友人との口約束になっていたのです。前に青酸ソーダにはタッチしてないといったが、青山くんに頼まれてわたしが渡したのです。遺書にはまったくタッチしていませんが、口約束を実行するためのものだと思います」

これが事実であれば納得できることであったが、なぜか友人の話をすべて信用することができなかった。解剖が青酸ソーダによるものであり、遺書が死亡した男のものと決定されては、これ以上追及することはできない。死者が語れないとあってはすべてを明らかにできず、世の中に理解できないものがあることを知った。

④ 自殺か、他殺か

さまざまな変死体を取り扱ったため、自殺か他殺かの判別ができるようになった。少しでも犯罪の疑いがあれば解剖し、死因を明らかにしなければならない。死体の状況もさまざまであるし、検視する警察官の力量にも差があったりする。自殺を他殺と間違えたのならともかく、他殺を自殺と判断したらとんだことになる。

利根川の中州で狩猟をしていた人から、女性の腐乱死体を発見したとの届け出があった。検視すると自殺と思われたが、念のために解剖に付すると、体に刺し傷があって気管から砂が検出された。腐乱していたために生前にできたものか、死後にできたものかはっきりさせることができない。自殺と思われたが体の刺し傷のナゾを解くことはできず、殺人の疑いで捜査が開始された。

身元を割り出すことが優先され、まずは家出人から洗い出すことにした。人相や服装などが似ている者を探したが見つからず、死体のデスマスクをつくったり、死体の特徴を示した人体図をつくるなどした。各所に配布したところ二十九件の問い合わせがあり、それぞれ確認作業をつづけられたが、どうしても四件を明らかにすることができない。

一度は家族によって否定されたが、どうしても納得することができないため再度の確認作業となった。腐乱していたが歯形や服装などにより、死亡したのが律子さんとわかった。家族の話によると家に引きこもることが多く、数年前から入退院をくり返していたこともわかった。男友達がいたかどうか明らかにすることはできなかったが、一年前から二週間に一度の通院となっていた。通院の必要がなくなったといわれた直後の失踪とわかり、自殺した疑いが濃厚になってきた。

死体が発見される三か月ほど前、男の人が利根橋の上から飛び込んだとの通報があった。機動隊員が動員されて下流の捜索をしたが、どうしても発見にいたらなかった。当時の目撃者が県庁の職員であったため、改めて当時の話を聞くことにした。日記帳を見ながら話してくれたが、昼休みの時間であり、散歩していたとき茶色っぽい服を着て黒いズボンを履いた男のような感じの人が橋の上から飛び込んだとなっていた。

それでも胸の刺し傷のナゾを解くことができず、法医学の参考書やさまざまな捜査記録を調べたりした。胸の刺し傷や気管から砂が検出されたが、これは生きていたときのものと思われた。だが、流されているうちにクイなどに当たったり、気管に砂が入ったことも考えられた。諸般の状況からして自殺と判断されたが、初めから自殺として処理されていたら悔いが残ったかもしれない。

ふつうの人は幸せに生きたいと思っているが、自殺する人はそれぞれが悩みを抱えている。相談相手がいたり新たな発想が生まれたりすれば、悩みを解消できるかもしれない。一人で悩みつづけると解決の方法を見出せず、自殺以外に選択できなくなるのかもしれない。この女性は入退院を繰り返していたが、通院の必要がないといわれたとき絶望したのかもしれない。本人がどのように考えたかわからないが、これはあくまでも推測の範囲のものであった。

四　性犯罪

①　ある強姦未遂事件

性に関する道徳観念はテレビや雑誌などの影響もあり、時代とともに変化している。欲望を満たすための犯罪はいろいろあるが、性的な犯罪になると被害者の精神的な打撃は大きなものとなる。性犯罪のもっとも多いのが二十代といわれているが、欲望が強くて理性がともなわないからかもしれない。酒に睡眠薬を入れて女子大学生を眠らせて暴行した大学生のグループがあったり、さまざまな形の強姦があったりする。性的な犯罪はギャンブルやアルコール依存症に似たところがあり、ブレーキがかけにくいため連続しておこなわれたりもする。

夕方から雨が降り続いており、時計の針が十時を回ったときにうつむき加減の若い女性が母親に連れられて見えた。娘さんが話しにくいというので母親が話した。

「娘が泣きながら帰ってきたので話を聞くと、若い男に利根川の河川敷に連れていかれ、乱暴されそうになったので逃げ帰ったといったのです。娘は届け出ることをいやがっていたのですが、ほかに被害者が出ても困ると思い、娘を説得してやってきたのです」

強姦事件には被害者の届け出のないものがあるが、未遂だったからこのように届け出ができたのかもしれない。

つぎに娘さんから事情を聞くことにしたが、真実を明らかにするために話しにくいことも聞かなくてはならない。

「わたしは二十歳の大学生ですが、雨が降っていたので停留所でバスを待っていたのです。白っぽい車がとまり、家まで送ってあげますよといわれたが断ったのです。ふたたび親切そうにいわれ、断ることができずに乗ったのです。車が動き出すとわたしの家とは違う方向に向かったため、初めてだまされたことに気づいたのです。信号機のところでとまったら逃げ出そうと思ったのですが、そのチャンスがなかったのです。河川敷まで連れていかれると車をとめ、すぐに後ろの座席に乗り込んで抱きつかれてキスをされたのです。大きな声を出して払いのけようとしたが、狭い車内だったから身動きができなかったのです。右手でスカートとパンツを脱がされ、男もズボンを脱いで強引に迫ってきたため体をねじりながら必死に抵抗したのです。男が手をゆるめたすきにスカートやパンツを抱え、必死になって逃げたが男は追ってこなかったのです」

ケガがなかったかどうか尋ねると、恥ずかしそうに大腿部を見せてもらうと擦り傷があった。医師の診断を受けてもらうと一週間の治療を要する擦過傷《さっかしょう》であった。

犯人の手がかりは皆無にひとしかったため、どのように捜査するか検討された。雨の日に私服の婦人警察官にバス停で立ってもらうことにし、つづけていると白い車がバス停にとまった。婦人警察官と知らずに誘ったため、人相や車両ナンバーなどがチェックされた。運転した者がわかったが、おとなしくまじめに会社に勤務していた。犯人に結びつく資料は何一つなかったが、婦人警察官を誘ったことは間違いないため呼び出して事情を聴くことにした。

おろおろしながらやってきたが、警察を苦手にする者がいるため理由はわからない。バス停にいた若い女性を誘ったことがあるかどうか尋ねると、うつむいたままだまってしまった。どうして答えることができないんですかと尋ねると、ぽつりぽつりと話し出した。

「雨の日にバス停で女性に声をかけると、いったんは断られてしまったのです。同じ方向にいくのだから乗せてあげますよというと、すいませんといって乗った。セックスがしたくなったので真っ直ぐいかず、左折して河川敷に乗り入れたのです。後ろの座席に移ってキスしようとすると抵抗され、押さえつけてスカートを脱がせ、ズボンを脱ごうとしたときドアを開けて逃げられたのです」

強姦未遂のことを尋ねられたと錯覚したらしく、すべてを話したため事実を明らかにすることができた。気の弱い面があったらしかったが、セックスに対する執念は強いらしかった。失敗したがあきらめることができず、婦人警察官とも知らずに誘っていたこともわかった。まじめだと思われていた男であったが、警察に捕まったとたんに悪者扱いにされてしまった。失われた信用は一朝一夕で回復できるものではなく、この男の生き方にも大きく影響することになった。会社ではまじめに勤務していたし、おとなしいと見られていた男も、よこしまな心を払いのけることができなかった。

連続して少女を誘拐して強姦しては殺していた事件は、世間を大きく震撼させていた。被害者はそのことを知っていたが、他山の石とすることができなかった。どんなにうまい話をされても、知らない男の車に乗ってしまえば監禁されたのと同然である。親切そうだったから乗ったというが、親切な人かどうか簡単にわかるはずがない。男女の出会いはさまざまであり、恋が芽生えることもあるが殺されたりもする。セックスにまつわる犯罪は少なくないが、防止するうまい手だては容易に見つからない。

② 再犯だった強姦殺人

世の中にはさまざまな犯罪があるが、いつ、どこで発生するかわからない。ふだんは静かな農村の人通りの少ない畑で農婦が殺されたため、清川町に大きな衝撃が走った。殺されたのは五十六歳のみよ子さんであり、首がタオルとエプロンで二重に巻き付けられて胸やあごに擦り傷があった。犯人のものと思われる十数個の足跡を採取したが、付近の捜索をしても何の資料も得ることができない。犯行現場から数十メートル離れたところに自転車のタイヤ跡があったが、犯人のものかどうかはっきりしない。採取した足跡は二十六センチのケミカルシューズであったが、スーパーなどで大量に売られていた。

解剖したところ窒息死と判明したが、下半身が裸にされていたが膣内からは精液が見られない。人通りのない白昼の犯行はあまりにも大胆であったが、いままでにこのような犯罪が起きたことはない。犯人がどんなタイプの人か想像することさえできず、暗中模索のような捜査になった。聞き込みをつづけたが犯罪にかかわるのをきらっていたのか、三週間以上が経過しても新たな情報は得られず、履物や衣服を着替えたことも考えられた。

刑事は朝早くから夜遅くまで捜査に従事し、疲労もピークに達したが休むことはできない。

根気強い聞き込みをつづけていると、浅川鉄工所で働いている五十三歳の結城さんが浮上してきた。近所の人との付き合いがまったくなく、どこのどんな人かわからないためうわさにのぼっていた。犯罪歴の有無を調べると強姦や殺人で無期懲役に処せられ、八か月前に仮釈放になって保護監察中であった。

捜査をつづけるとケミカルシューズを履いていたが、ほかには殺人に結びつく資料を得ることはできない。尾行や張り込みをつづけると、バイクに乗ってはどこかに出かけていた。尾行をつづけるとバイクで借家を出て釣り堀にいき、一時間ほどで終えた。家には戻らず下田村に向かって県道を走りつづけた。農道に入ってバイクをとめて畑に入ったため尾行が困難になり、隠れながらバイクに戻るのを待っていた。十分ほどしたときにあわてるように飛び出し、バイクに乗って立ち去った。畑にいって調べると、野菜畑でエプロンで首を絞められて殺されていた主婦を発見した。現場に残されていたのは主婦の地下足袋とケミカルシューズの足跡のみであり、ケミカルシューズの足跡は清川町の殺人現場から採取したものと同一であった。

捜査会議が開かれて今後の捜査方針が検討され、下田村の殺人現場から結城さん以外の足跡がないことが確認された。刑事は殺されたのは目にしていなかったが、状況から結城さんの犯行に間違いないものと思われた。そのために任意同行を求めて取り調べをし、事実が明らかになってから逮捕状の請求をすることになった。

二人の刑事に連れられてきたため、能勢警部補が取り調べをした。結城さんは刑事に尾行されていたことに気づかなかったらしく、すべての事実を否定していた。下田村にいかなかったと主張していたが、見ていた者がいたと追及するとドライブしただけだといった。松林にいったかどうか尋ねると、サカキをとりにいったといい、何に使うのか尋ねると神棚にあげるのだといった。神棚はあるんですかと聞くと、ないといい、なぜあげるのかと聞くと、なくてもおれは信仰しているんだと言い出した。供述に多くの矛盾があることがわかったが、どれも決め手になるものではなくさらに取り調べがつづいた。

畑の中で主婦が殺されているが、それを知っていますかと尋ねると知らないといった。殺人の現場には結城さんが履いていたケミカルシューズと同じ足跡しか残っていないんですよと追及すると、なぜかだまってしまった。左手にひっかき傷がありますが、それはどこでつけたのですかと尋ねても何も答えようとしない。

「どのようにしてひっかき傷ができたのか、どうして話すことができないんですか。いつまでもだまっていたのでは、ほんとうのことがわからないではないですか。結城さんが人を殺したかどうかわからないが、現場には結城さんのケミカルシューズの足跡しか残っていないんですよ。容疑を晴らしたいと思ったら、いつまでもだまっていないでほんとうのことを話したらどうですか」

このように追及すると、ようやく重い口を開いた。

「わたしがやったのです。農婦がいないかどうか探しにいったところ、一人で畑にいたのが見えたのです。いたずらしたくなったので後ろから抱きつくと騒がれ、エプロンで首を絞めて静かにさせたのです。服やパンツを脱がせて強姦しようとしたときにはぐったりして死んでおり、強姦することもできずにあわててバイクに乗って逃げたのです」

このように自供したため逮捕状を得て逮捕し、引き続いて取り調べをするといろいろとわかった。結城さんは仮出所して実家に戻ったが前科者のために職につくことができず、知人の紹介で遠く離れた清川町にやってきたことがわかった。町はずれの二軒長屋に住んで鉄工部品の工場で働いていたが、失業保険がもらえると辞めてはパチンコをしたり、ポルノ映画を見るなどしていた。近所の人との付き合いがなかったり、職場を変えていたのは身元がばれることを恐れていたからであった。

下田村の殺人事件の捜査が終了したため、清川町の殺人の取り調べとなった。結城さんが履いていたと思えるケミカルシューズの足跡だけが手がかりであったため、これも取り調べが難航した。殺人で起訴されると少しばかり変化がみられたが、清川町の殺人事件については認めようとしなかった。さまざま資料を突き付けて追及するとだまってしまい、深刻に何か考えているようだった。

「いつまでも考えていたのでは、事実をはっきりさせることができないではないですか。おこなわれたことは取り消すことができないし、証拠隠滅をしてもその事実が残ってしまうんです。下田村の殺人の現場にも清川町の殺人の現場にも同じケミカルシューズの足跡があり、結城さん以外に考えることができないんです」

さまざまな説得をしながらこのように追及すると、ぽつりぽつりと話すようになった。

「二人を殺したことがわかると死刑になると思ったため、どうしても認めることができなかったのです。いつになってもまじめに働く気になれず、むかしのことが思い出されて女を抱きたくなったのです。人目につきにくい畑にいっては一人でいる女を探し、見つかると興奮して我慢できなくなったのです。女に抱きつくと騒がれたためタオルとエプロンで首を絞めるとおとなしくなり、服を脱がせたときには死んでいたため強姦することができなかったのです」

このように自供したが、現場の状況とも合致しており犯行を証明することができた。さまざまなことがわかると、結城さんの人となりもわかるようになった。結城さんは二十三歳のときに強姦致傷で八年の実刑を受け、三十一歳のとき強姦殺人で無期懲役の判決を受けていた。服役の態度がよかったとして仮出所になっており、保護観察中の身であった。ふたたび刑務所に戻りたくないためまじめに働くことにしたが、地元で働くことができずに知人の紹介で清川町にきたという。身元がばれるのを恐れていたため、人と付き合うこともできずにい悩んでいた。性の欲望を満たす以外に生きがいを見つけることができず、むかしのことを思い出して強姦することを考えたという。ふたたび婦女に乱暴して殺すという大罪を犯してしまったが、このような再犯は珍しいことであった。

③　動機不明のＯＬ殺し

人並みに中学校や高等学校を卒業し、サラリーマンとなった。上司の言いつけはきちんと守っており、模範的な社員であったから犯罪とは無縁と思われていた。好きな女性がいても声をかけられず、内気な性質であったから異性にどのような関心を寄せていたかわからない。謹厳実直のように見られていた若者であり、この男の心の中を推し量ることができなかった。

会社員の朝子さんは、母が入院していたため慣れない一人暮らしであった。無断欠勤したので電話したが通じないため、同僚が様子を見にいくと玄関にカギはかけてなく、居間で殺されていたのを見てびっくりした。一一〇番通報されたため現場に急行し、殺されていることが確認されたために全署員の非常召集となった。

犯罪の現場は証拠の宝庫といわれ、たくさんの資料が残されている。医師が患者の話を聞いたり聴診器を当てるなどして診察するように、刑事は実況見分をしたり関係者の話を聞くなどして犯人の手がかりを求めていく。被害者は居間のテーブルでうつ伏せになって下半身が裸にされており、首には鈍器のようなもので殴られた跡があった。首には電気のコードが巻き付けられていただけでなく、水が張られた洗面器に顔が突っ込まれていた。肩から夏毛布が掛けられており、脱がされたスカートやパンツなどは部屋に散乱していた。所持していた財布には現金が取り残されており、物盗りのしわざとは思えなかった。

解剖の結果、窒息死であることが判明し、死後十数時間が経過しているものと思われた。洗面器に顔を突っ込まれていたが水を飲んでおらず、首にコードを巻かれての絞殺と思われた。下半身が裸にされていたが膣内にも衣服にも精液が付着しておらず、犯罪の動機がまったくわからない。犯罪の捜査はナゾ解きゲームみたいなところがあり、地道に一つ一つ事実を明らかにしていくことであった。

付近の聞き込みや同僚の話を聞くなどしたが、異口同音に人に恨まれるような人ではないといっていた。一日の捜査を終えて検討がなされたが、強姦目的の疑いがあったが動機がはっきりしない。履物は男物の短靴と思われたが紋様がはっきりしないし、指紋が採取されたが、犯罪歴がないと割り出すことはできない。聞き込みは重大なことであったが、かかわりたくないと思っている人もいるし、ちょっとした情報が決め手になることもある。

性犯罪の前歴者を洗うことにしたが、妻帯していたり、まじめに働いている者もいたため突っ込んだ捜査ができない。男友達がいたかどうかについてもプライバシーがからむこともあり、捜査もままならない。連日のように新聞やテレビで報道されたため、市民の関心は高かったが寄せられる情報はいたって少なかった。いまだ犯人がどんな目的で凶行におよんだかわからないため、捜査方針をはっきりさせることができない。

ねばり強い捜査がつづけられ、五日ほど経過したとき一人の刑事から報告があった。それは茶の半袖のシャツを着た男が、若い女のいる家をのぞいていたというものであった。知っている人に会ったり、特異なことを目にしたりすると記憶に残ったりするが、それも日時の経過とともに薄れていく。この主婦が見たのは殺人事件があった以前のことであったが、特異なことであったため、いつまでも主婦の脳裏に残っていたという。

殺人に結びつく情報が皆無のような状態であったため、多くの刑事が茶色の半袖のシャツを着た男に関心を抱くようになった。昼間は聞き込みに当たり、夕方になると制服に着替えて交通の指導取締りに従事する刑事もいた。半月ほどしたとき茶色っぽい半袖のシャツを着た男が無灯火の自転車で見えたので停止させ、住所と氏名を聞くことができた。男の身辺の捜査をすると、まじめに会社に勤務していて近所でも何一つ悪評はなく、犯人のイメージを抱くことができなかった。

ほかに手がかりがなかったため情報を捨てることができず、その男の尾行や張り込みをつづけた。会社から帰ってくると自転車で出かけることがあり、若い女性にすれ違うと振り向いたり、女性の洗濯物に興味を示すなど異常な行動が見られた。尾行していたとき自転車を塀に立てかけて屋敷内に入り、若い女性の部屋をのぞいていたので職務質問をした。びっくりしてどのような問いかけにも、しどろもどろの返事をするばかりであったが、正当の理由がなく屋敷内に入ったことがわかった。

住居侵入の疑いがあったので本署に連行されてきたため、取り調べとなった。おどおどして体を震わしており、屋敷内に入った理由を尋ねると、娘が何をしているか知りたかったといった。住居侵入の容疑を認めたため指紋を採取し、殺人現場から採取した指紋と対照すると合致していた。殺人の容疑が濃厚になってきたため取り調べると、うつむいたまま何も話そうとしない。逮捕状を得て殺人の容疑で逮捕すると、覚悟したらしくすべてを話すようになった。

「通りから娘さんの姿が見えたため、様子を見るために塀に自転車を立てかけて屋敷内に入ったのです。パジャマのままうたた寝をしており、眺めているうちにむらむらしてきたのです。カギのかかっていない窓から土足のまま入り、後ろから抱きつこうとしたら目を覚まされて大きな声を出されたのです。口を押さえて首を絞めてからスカートとパンツを脱がせ、強姦しようしたときにはぐったりしていたのです。顔を見られているし生き返らないように改めて首を絞め、だめ押しをするため水を張った洗面器に顔を押さえつけたのです」

動機がはっきりしないため暗中模索のような捜査であった。犯罪に結びつくかわからない主婦の話であったが、それが犯人検挙の大きな端緒になった。被疑者が自供したために多くのナゾを解くことができたが、どうしても心を見抜くことができなかった。被疑者の異性に対する関心は異常なものであり、殺人事件を犯してからも女性の部屋ののぞき見をやめることができなかった。どうしてこのような行動をとったのか尋ねたが、わからないというばかりであった。本人がわからなくては理解することができず、犯罪心理学者の判断にゆだねるほかなかった。人は欲望の前に盲目になるといわれており、そのために正常の判断ができなかったかもしれない。

④　痴漢の代償

犯罪捜査に携わっていると、世の中の隠された部分をのぞいたり個人の恥部に触れたりする。世間の人からは立派な人と思われていても、犯罪が発覚すると一挙に信頼を失うことになる。人に知られたくないことは隠してしまい、人に褒められることは吹聴する人もいる。どのような生き方をするのも自由であるが、表裏がある人も少なくなく、トラブルや犯罪になったりすると表ざたにされたりする。

五十を過ぎていると思われる紳士風の男が見えたが、本人が話しにくいというので弁護士さんがかいつまんで話をした。

「園田さんは小学校の教頭先生ですが、映画館に入って一人の娘さんの隣の席に腰を降ろしたのです。連れの男がいないと思って手をにぎろうとしたところ席を移され、連れの男に五十万円を脅し取られ、その後も脅しがつづいているということです」

被害者は公にされることを極度に恐れており、頭を下げながら内密に調べて欲しいといった。捜査の段階では内密にしておくことができても、犯人が検挙になると隠し通せないこともあり、それらの事情を告げてから被害者の話を聞いた。

「映画館に入って娘さんの隣の席に座り、手をにぎろうとしてうっかり股に触れてしまったのです。どのようにしてわたしのことを調べたのかわからないが、翌日、学校に電話があったのです。『昨夜、映画館にいきましたか』と聞かれ、とっさのことだったのでいきましたと返事をしたのです。すると、『おまえがやっていることはセンコウの面汚しだ。落とし前として五十万円を支払え』といってきたのです。考えさせてくれませんかというと、『まさか、サツにたれこもうというんじゃないのかね。そんなことをすれば教育委員会に話してクビにしてやるぞ』と脅されたのです。二週間ほどしたときふたたび電話があり、『佐川銀行に富田正吉の普通預金口座があるから五十万円を振り込め。振り込まなければどうなるかわかっているな』と脅されたのです。やむを得ず五十万円を振り込み、それでけりがつくと思っていると、半月ほどするとふたたび電話があったのです。『あと五十万円を振り込めばこんどは勘弁してやるよ』といってきたのです。返事ができないためだまっていると、承知したと思ったのか電話を切ってしまったのです。ふたたび脅しの電話があると思ったが、警察に届けることができずに弁護士さんに相談したのです」

被害者をよく知っている者の犯行と思われたが、心当たりはまったくないという。富田さんの名前のキャッシュカードを使われていたが、すでに都内の銀行から五十万円が払い戻されていた。銀行ではキャッシュカードを渡すとき郵送がたてまえになっていたが、仕事で留守にすることが多いといって窓口で受け取っていた。受付の行員も若い男の記憶があったが人相は覚えておらず、申し込み伝票に記載されていた指紋は採取されなかった。住所も名前もウソとわかり、手がかりがなくなってしまった。

「脅しの電話がたびたびかかってくるということですが、今度かかってきたら録音してくれませんか」

このように頼むと、一週間ほどしたときテープを持参してきたので多くの刑事が聞いた。会話の内容は具体的であり、先生のことをよく知っている男の犯行の疑いが濃厚になってきた。先生には心当たりはないといったが、それが事実であるかどうかはっきりしないし、刑事にも思い当たるような人物は浮かんでこなかった。先生が警察に訴えるといったことが功を奏したらしく、その後は脅しの電話はかかってこなかったという。

他の事件に追われて専従することができなくなり、事件の解決のめどがつかなくなった。先生がもっとも恐れていたのは、教育委員会に知られることと報道されることであった。捜査は先生が望んでいる方向に向かいつつあったが、痴漢の代償として五十万円を脅し取られ、弁護士さんの費用を支払うことになるかもしれない。性的な犯罪になると地位や名誉のある人によってもおこなわれたりするが、理性だけでは性欲を押さえることができないのかもしれない。

⑤ 色と欲のホステス

人はさまざまな欲望を抱いており、それを達成するために努力している人は多い。犯罪にならないかぎり捜査の対象にすることはできないし、犯罪になるかどうかわかりにくいものもある。

能勢警部補が昼食を済ませたとき、電器店のセールスからテレビをだまされたとの届け出があった。

「団体の役員の大貫という女性が見え、店内を一めぐりしてこのテレビが欲しいのですといったのです。初めての客であったのでクレジットをすすめると、『手続きがめんどうだから割賦にしてくれませんか』といった。立派な服装をして高価な指輪もしていたし、信用できると思って割賦販売にし、頭金と初回の代金を受け取って自宅まで届けたのです。備え付けようとしたところ、『知人の電気屋さんに備え付けてもらうから結構です』といわれたのです。支払いが滞っていたので集金にいったが、納めたテレビは見当たらないし、留守番をしていた母親にもウソをつかれたのです。いまだ二回目以降の代金の支払いはなされておらず、本人が家に寄りつかないために話し合うこともできないのです。だまされたものと思ったため、届け出ることにしたのです」

詐欺の疑いがあったので被害届を受理して捜査を始めたが、大貫紀代子さんには犯罪歴は見当たらない。内偵したところ、一年前に木谷司郎さんと離婚しており、結婚していたときに詐欺で逮捕されて離婚になっていた。団体の役員をしていた形跡はなく、購入したテレビの所在がわからないため呼び出しをして事情を聴いた。

「割賦で購入したテレビはわたしのものであり、どのように処分しようと自由ではないですか」

　このようにいって何も答えようとしないため、事情聴取を打ち切らざるを得なかった。

　捜査をつづけると宝石やカメラなど入質しており、利息が支払われないために質流れのものもあった。仏具店が高価な仏壇を八十万円で割賦販売し、南町の若林優子さんの家に届けていたことがわかり、若林さんの話を聞いた。

「母が亡くなってしばらくしたとき、知人の大貫さんが見えたので仏壇が欲しい話をしたのです。『懇意にしている仏具店があるから現金なら安く買ってあげることができますよ』といわれたのです。希望だけ伝えておくと数日したときに見え、『おばが死んだことにしたため、立派な仏壇を五十万円で売ってもらうことができたのです。そのため、仏具屋さんが届けてくれたらわたしのおばの家にしてください』といわれたのです」

　大貫さんは五十万円の現金を受け取っていたが、仏具屋さんへの支払いはなされていない。仏具屋さんから被害の届け出がなされていなかったが、事情を告げると被害の届け出をした。本格的に捜査に乗り出し、ふたたび大貫さんの任意出頭を求めて取り調べをした。

「仏具屋さんから八十万円の仏壇を割賦で購入し、知人の若林さんに五十万円で売って現金を受け取ったことは間違いありませんか」

「間違いありませんが、割賦で買った仏壇はわたしの物ですし、それを若林さんに売ったのがどうして罪になるんですか」

「カメラや指輪なども割賦で購入して質に入れており、質流れしたものもあるんですよ。テレビや仏壇やカメラも割賦で購入して初回だけ支払っただけであり、どのように支払うのですか」

「だますつもりはないし、いまはホステスとして働いて収入を得ており、みんな支払うつもりです」

このようにいったためバーの経営者に聞くと、働きたいが二十万円の現金が必要なので貸してくれませんかといわれたのです。貸し与えるとホステスとして働いたのは二日間だけであり、その後は姿を見せなくなったといった。

あちこちで割賦で購入しているし、八十万円で買った仏壇を五十万円で売っていれば支払いができなくなるのではないかと追及した。すると、わたしが買ったのはすべて割賦であり、だますつもりはまったくありませんといった。どのように追及してもだましたことを認めなかったが、支払い能力のないことが明らかになったため逮捕して取り調べをつづけた。

否認のまま身柄を地方検察庁に送られ、検事さんの取り調べでも否認していたため裁判官から十日間の勾留が認められた。捜査をつづけたところ、マンションで田所という男と同棲していることがわかったので事情を聞いた。

「二か月ほど前のことですが、バーに通っていたときに知り合ったのです。何度もいっているうちに親しくなり、誘われてマンションで一緒に住むようになったのです。ホステスとして働いて高給を得ているといい、洋服や靴なども買ってくれたのです。十日ほど前には新車も買ってくれたし、近いうちに結婚する予定になっています」

田所さんに与えた自動車の入手先を追及すると、佐藤鉄工所の社長さんからいただいたといったため、社長さんから事情を聞いた。

「妻に先立たれてさみしい思いがしてバーに通っていたとき、千代子と名乗っていたホステスと知り合ったのです。『わたしは無理矢理に離婚させられて母親と一緒に暮らしているんです』といい、親しくなると誘われてモーテルにいくようになったのです。『結婚したいのですが、その前にローンの支払いや前借りの返済をしなければならず、百万円ほど貸してもらえませんか』といわれたので貸したのです。すると今度は、『自動車を買ってくれませんか』といわれ、断れば縁が切れてしまうと思って買い与えたのです。その後は姿を見せなくなったため経営者に尋ねると、おれもだまされたといっていました。百万円の現金や自動車はだまされたと思いますが、世間体もあるので公にはしたくないので届けることはできません」

だんだんと詐欺の実態が明らかになってきたが、否認の姿勢が変わることがなかった。

どんなわけかわからないが、いきなり、お巡りさんはバーやキャバレーにいったことはありますかと聞かれた。いったことがないというと、「バーやキャバレーでは、いろいろの口実を使ってお客さんから金を吸い上げているんですよ。店に入ってきてイスに座ると着席料、指名すると指名料がかかり、あちこちの客を接待するため指名料も多額になるのです。刑事さんには話しにくいことですが、酒が回ってくると本音で話す客もいるのです。抱きついてきてキスをしたり、パンツの中に手を差し込んでくる客もいますが、これらは料金に加わるのです。仕事を終えてからホテルやモーテルにいくことがありますが、これはホステスのかせぎにすることができるのです」といった。

大貫さんは徹底して否認していたが、仏壇をだました容疑で起訴された。引き続いて余罪の取り調べとなると、刑務所にいってから再逮捕されるのもいやだといってすべて話すようになった。佐藤社長さんのほかにも結婚詐欺でだまされていたのは、駿河という社長さんであった。ホステスの千代子さんを情婦のようにしており、二百万円ほどみついでいたこともわかった。

一か月あまりで捜査を終えることができたが、大貫さんの人生は色と欲の遍歴みたいなものであった。だました金をほれた男にみついだり、母の貯金や生活費や住宅ローンの支払いに充てるなどしていた。大貫さんの手口は、前借や寸借や商品や月賦や結婚詐欺などさまざまであり、被害者は十七人にもおよび、被害の総額は八百万円以上であった。この事件の捜査をしてバーやキャバレーの実態の一部だけでなく、色香に迷わされた社長さんが大金をだまし取られていたこともわかった。人にはさまざまな生き方があるが、大貫さんは世間におもねることなく気ままに生きていたのかもしれない。

五　アルコール

①　酔っぱらいの録音テープ

酔っぱらいもさまざまであるが、取り扱う警察官の対応もまちまちであった。アルコール依存症になると道路上に倒れていたり、ケンカするなどして人に迷惑をかけることがある。一一〇番通報があると出かけるが、説得するとおとなしくなる者がいれば、食ってかかってくる者もいた。慣れているとはいえ、正体を失ったような酔っぱらいの取り扱いにはいつも苦慮させられる。酔っぱらっているだけなら保護すればよいが、犯罪がからんでいると捜査しなくてはならない。ときたま酔っぱらいが公務執行妨害で逮捕されたりするが、取り扱いのまずさに起因することもあった。

酔っぱらいが暴れているとの一一〇番通報があり、現場に急行すると通行人にからんでいた。家まで送り届けたいと思って住所や名前を尋ねると、なんだお巡りかといっただけで答えようとしない。乱暴がつづくために保護することにしてパトカーに乗せようとすると、逮捕状を見せろと怒鳴って応じようとしない。なおも説得をつづけると、おれはお巡りのようにただ酒を飲んだんじゃなく、おれの金で飲んだのだと言い出した。抵抗する酔っぱらいを取り押さえてパトカーに乗せようとすると、人権蹂躙《じゅうりん》だと怒鳴って抵抗をつづけ、警察の悪口雑言をいうばかりであった。

本署に着くと、平《ひら》じゃ話にならないから署長を出せと怒鳴り、どのように言い聞かせても応じようとしない。

「けさの新聞にお巡りが強盗したことが載っていたが、このごろのお巡りは油断もすきもないや。おれをだまして金を取ろうとしてもその手には乗らないぞ」

大きな声で怒鳴りつづけていたため、若い巡査に静かにしろといわれると腹を立ててツバを吐きかけた。

「先ほどから人権蹂躙だと怒鳴っているが、ツバをかけることだって人権蹂躙ではないのかね」

このようにいわれると、お巡りのくせに生意気なことをいうじゃないかとやり返した。このようなことがいつまでもつづき、保護室に入れることも考えたが、小さな警察署にあっては専従の看守がいなかった。保護すれば二人の駐在所の巡査を呼び出さなくてはならないため、説得して身元を明らかにして送り届けたかった。いつになっても住所と名前を明らかにせず、怒鳴りつづけていたためにテープに収めることを考えついた。

巡査に注意されると酔っぱらいはまたもや怒鳴り返した。

「市民に親切にするのがお巡りじゃないのかね。バカ野郎呼ばわりされたんじゃ我慢ができないや。人権蹂躙で訴えてやるぞ」

酔っぱらいは言いたい放題のことをいい、巡査に注意されると我慢できなくなったらしく組み付いてきた。取り押さえられると、特別公務員の職権乱用だと大きな声で怒鳴り、悪口がいつまでもつづいた。なおも説得をつづけたが、時間が経過したためか、酔いが覚めてきたためか住所と名前を話した。酔っぱらいは中学校の校長先生であり、自宅に電話すると駆けつけてきた奥さんには頭があがらないらしく平身低頭していた。正気のときと酔っぱらったときに大きな落差のあることがわかり、まるで別人のようだった。

「主人はふだんはおとなしいのですが、酒癖が悪くてときどき人様に迷惑をかけてしまうのです。いくら注意しても改められないらしく、何事もなければよいと思っていつも気にしているのです」

「校長先生よ、奥さんがこのようにいっているんですよ。先生が警察でどのようにいったか覚えがないと思いますが、テープに収めてありますよ。よろしかったら差し上げますが、これを気付け薬として酒乱を治すようにしたらどうですか」

神妙な表情をしてテープを受け取り、ご迷惑をかけましたといった。先生が録音テープを聞いたときどんな気持ちになるか、酔っぱらった経験がなかったから想像することもできなかった。

② 内臓破裂の酔っぱらい

酔っぱらいのトラブルは少なくなく、さまざまな原因があるため明らかにするのは簡単ではない。酔っぱらい同士のケンカになると、暴行ざたになることが少なくない。酔っぱらいの話だから一概に信ずることができず、状況に応じては適切に判断しなくてはならない。

一一〇番通報があると出かけるが、到着したときには夫婦ゲンカが収まっていることもある。ときには仲裁に困ったりすることもあるが、これがまことに厄介であったりする。タクシーに乗った酔っぱらいが車の中で眠ってしまい、警察に乗りつけさせられたこともあった。金も持っていなければ住所も名前もわからず、致し方なく保護をしたが、朝になって酔いが覚めて夕べのことはわからないというばかりであった。

トラブルは土曜日の夜に発生することが多いため、当直勤務のときに取り扱うことがあった。せがれが酔っぱらって暴れており、手に負えないからすぐにきてくれませんか、という一一〇番通報があった。サイレンを鳴らしながら走らせていったが、刺激を避けるため途中で吹鳴《すいめい》を取りやめ、現場に着くと家の者はみんな屋外に避難していた。

父親に聞いて状況がわかり、家の中に入ると若者が出刃包丁を手にしていた。制服を着た警察官を見ると激高して身構え、逮捕されると勘違いしたらしく抵抗の姿勢を示した。隠し持っていた警棒で庖丁をたたき落としたが、なおも抵抗の姿勢を示していた。取り押さえると、逮捕するというんなら逮捕状を見せろと怒鳴り、警察の悪口をいったりツバを吐きかけるなどの抵抗をした。パトカーに乗せると、おやじはポリ公とグルになっておれを刑務所に入れたいんかと怒鳴った。

パトカーに乗せると手足を動かすことができなくなり、悪口をいったり、ツバを吐きかけるなどした。留置場の保護室に入れようとすると抵抗はさらに激しくなり、大きな声で怒鳴ったりわめいたりした。寝ていた留置人が起こされてしまい、おれたちは眠っているんだから静かにしろと怒鳴られた。すると、おれはぬすっとや人殺しとは違うんだぞと言い返したため、騒ぎはますます大きくなってしまった。看守の制止も功をなさず、酔っぱらいと留置人の怒鳴り合いがつづいたが、暴力ざたになることはなかった。

酔っぱらいが急に腹痛を訴えてきたが、仮病かもしれないと思ったが違うようだった。病院に連れていって診察してもらったところ、内臓破裂の疑いがあってすぐに入院となった。医師の話によると、内臓破裂は時間が経過するにつれて痛みを増し、数時間もすると我慢できなくなるという。保護した段階で内臓破裂を起こすような取り扱いはしておらず、父親に電話してどのような取り扱いをしていたか尋ねた。

「次男が久しぶりに東京から見えたため、長男を交えて一緒に酒を飲んだのです。酒乱気味の次男と長男が話をしていたとき口論となり、仲直りさせようとしたが収まらず取っ組み合いになったのです。長男が顔を殴られてカッとなり、次男の腹を蹴るなどすると、次男がお勝手の庖丁を持ち出してきたためどうすることもできず、危険を避けるためにみんな庭に避難したのです」

このような話を聞かされ、トラブルになった原因も内臓破裂の原因もわかった。いつまでも仮病と思っていたら取り返しがつかない事態になったかもしれず、状況判断の大切さを思い知らされた。

③ 殺人か、傷害致死か

酒を飲んだうえでのトラブルは少なくなく、思いがけない事件に発展することがある。酔っぱらい同士のケンカがあったり、酒気帯び運転など枚挙にいとまがない。正気のときはおとなしくても、酒を飲むと人が変わったように乱暴したり怒鳴ったりする人もいる。アルコール依存症ともなると家庭不和を招くだけでなく、ときには殺傷事件になったりする。世間では酔っぱらいを大目に見る傾向にあるが、理性に欠けるために、より危険が増したりする。

朝早く新聞配達の少年から、公民館の近くで人が倒れているとの一一〇番通報があった。現場に駆けつけたときには救急車で運ばれるところであり、ひき逃げか傷害の疑いがあった。病院に運ばれたときには死が確定しており、ズボンがびしょ濡れになっていたこともわかった。アルコールが入っていたが、身元を明らかにするものは何一つ持っていない。

実況見分をすると現場には血の跡があったが、ひき逃げの線は弱くなってきた。殺人が傷害致死の疑いで捜査することになり、身元を明らかにするため付近の聞き込みをした。母親と二人で暮らしている若者らしいとわかり、死体を確認してもらうことにした。いきなり死を伝えることができず、息子さんらしい人が被害にあって病院に運ばれたから確認してくださいといった。

現場付近には流れのある川は見当たらないし、男が出血していたためその原因を調べることにした。本部の鑑識課に問い合わせると、ルミノール検査をして血の跡をたどれば出血した場所がわかるのではないかと指示された。付近の明かりを消すことができないため大きなダンボール箱を用意し、明かりを遮って血の跡をたどった。一キロメートルほどいくと流れのある川があり、飲食店の前の側溝のコンクリートにたくさんの血の跡があった。解剖の結果は凍死になっていたが、内臓破裂や頭部と胸部に骨折のあることもわかった。

　現場は飲食店の付近と思われたため、聞き込みをした。夫婦は異常に気がつかなかったといっていたが、その話を聞いていた中学三年生の息子さんが顔を見せた。昨夜、飲食店の前で酔っぱらいの争う声が聞こえ、一人の男が殺してやると怒鳴っていましたといった。飲食店のママさんの話を聞くと、店ではなんのトラブルもなかったといっていたが、店ではお客さんを大事にし、捜査の協力をしぶる傾向のあることがわかっていた。一人の男が死んでいるので徹底した捜査をしなければならないんですというと、ママさんは顔色を変えて話し出した。

「ケンカをしていたのはうちのお客さんであり、二つのグループで六人が見えて酒を飲んでいたのです。客の一人が他のグループの人に酒をすすめたところ断られ、どうしておれの酒が飲めないんだと因縁をつけたのです。それがきっかけで口論になると、仲間の一人がけしかけたため後に引けなくなったようでした。大きい男が小さな男の襟首をつかんで表に引きずり出し、その後も怒鳴っていましたがやがて静かになり、大きな男は戻ってきたが小さな男は姿を見せなかったのです」

　当時、店にいた人たちの話を聞いたが、表に出てからも怒鳴り合っていたが現場を見た者はだれもいない。酔っていたから覚えていないかもしれず、事実を明らかにすることができない。死因は凍死であったが、頭や胸に骨折があったのでその原因を調べることにした。ケンカをしていたのが大西さんとわかったため、呼び出して事情を聴いた。

「店でケンカとなったが、狭いために表に連れ出して怒鳴ったりしたのです。腹の虫が収まらないため殴ると倒れ、起き上がってきたので殴ると川に落ちたのです。這い上がってきたため腹を踏みつけるなどすると、おとなしくなったのです」

殺すぞと怒鳴ったのを覚えていないといったが、殺人の疑いで逮捕して身柄を検察庁に送致した。検察官の取り調べでも殺意を否認していたため、傷害致死で起訴されたが、酔っぱらいとあっては犯意の立証が困難だったのかもしれない。

発見が早ければ死なずに済んだかもしれないが、一人息子の収入で生活してきた母親は途方に暮れていた。小さな会社では突然に経理担当者に死なれたため、後がまを探すことになった。酒はうるおいをもたらすといわれており、飲んでいる者には楽しいことであっても、はた迷惑のことも少なくない。ケンカをあおられて後に引けなくなっており、その人たちにも責任の一端があったが罪に問うことができなかった。ささいなことから口論になって大きな惨事となったが、死にいたらなかったら簡単に処理されていたに違いない。

④　酒が取り持った惨劇

殺されて山の中に捨てられたり、海中に投げ込まれるケースは少なくない。この種の事件は知人がかかわっていたり、怨恨関係であったりする。家出人の届け出があったも、犯罪に巻き込まれている疑いがないと捜査を始めることはできない。殺された疑いがあって捜査しても、死体が発見されないと殺人を立証するのが困難になる。

死亡している女性の死体が溝で発見されたのは朝早くであり、近くの農夫からの一一〇番通報があった。推定年齢は三十歳から四十歳であり、体は冷え切っていたから死亡してから、かなりの時間が経過しているものと思われた。眼瞼結膜にわずかに異常が見られただけであり、首に絞められた跡もなければ口腔内や耳や陰部にも異常は見られない。ブロンドのカツラは頭にぴったりしており、一見して風俗営業に関係している人のように思えた。朝日と雲の図柄のある白と黒のブラウスを身につけており、焦げ茶色のスカートには製造番号が入っていたが、身元を明らかにできるものは何一つなかった。

解剖の結果、窒息死と判明したが、用水路に捨てられていたが水は飲んでいない。左下の小臼歯は銀歯であり、結核にかかっていたこともわかった。胃の内容物にはニラ、ニンニク、シナチクなどがあり、胃や十二指腸の食べ物の消化状況からして食後数時間したとき死亡したものと思われた。

捜査本部が設けられて本格的に捜査が始められたが、署長は警備畑を歩んでおり捜査能力に優れているとは思えない。警察にかぎらず出世の早い者ほど経験が少なく、経験豊富なベテランの部下の指導監督に当たっていた。陣頭指揮に当たっていたのは捜査一課長であり、捜査員は付近の捜索をしたり聞き込みをしたりした。被害者の身元の割り出しが重要であり、歯科医や病院を訪ねて歯や結核の治療の有無を調べたりした。身につけていたカツラやブラウスなどについては、県内の業者に当たったが該当するものが見当たらない。家出人捜索願いから該当者が見つけることができず、警視庁の協力を得て都内まで捜査の足を伸ばすことになった。

長期にわたった捜査により、スカートの製造番号によってメーカーを探すことができた。

都内の二十六の店に卸していたが、どうしてもだれに販売したか突き止めることができない。被害者が都内に住んでいた可能性が強くなり、顔写真や身につけていた衣類などを参考にしてポスターをつくり、各警察署や銭湯などに掲示してもらった。休みなしの捜査がつづけられたが、どうしても身元を明らかにすることができない。ポスターを掲示してから半月ほど経過したとき警視庁から連絡があったが、それは被害者の知人が銭湯で清水よし子さんのポスターを見たというものであった。

清水さんはアパートで一人暮らしであったため、大家さんの立ち会いにより持ち物から指紋採取するなどして身元を確認した。被害者の身辺の捜査をすると十年前から別居しており、別れたという夫から話を聞いた。酒癖が悪いので協議離婚しようとしたが応じないために訴訟中であり、子どもの養育費を支払っていたが五年前から会っていないという。

住んでいたアパートの付近の聞き込みをしたり、働いていた店を探したりするといろいろのことがわかった。肺結核が悪化したために都内の療養所に入所したが、一週間で無断で抜け出して知り合いのバーのホステスの畠中さんのところに身を寄せていた。畠中さんの紹介でトミーというバーで働いていたが、翌日からは無断欠勤しており、その後の足取りがわからなくなっていた。その翌日の朝、死体となって発見されたため、その間の足取りを追うことにした。

付き合いのあった男性から事情を聞くことにしたが、これも参考人なのか容疑者なのかはっきりしない。参考人なのに容疑をかけて話を聞けばいやな気にさせてしまうし、疑わずに事情を聴取すれば見過ごすことになりかねず、聞き込みにも工夫をこらした。あちこちで聞き込みをしていると、四十歳ぐらいの体格のよい男と一緒に歩いていたのを見たという情報を得た。バーやスナックなどをめぐって人相を頼りに探し、スナックのタイマツで被害者の写真を見せた。二か月ほど前のことではっきりしたことは覚えていないが、四十歳ぐらいの体格のよい男と見えたことがありますといった。

死体が発見されたのが七月十七日であり、十五日の売り上げ伝票には酒とビールなどの代金として一万二千円が入金されており、男が支払ったような気がするといった。粘り強く付近のバーやスナックで聞き込みをつづけると、四十歳ぐらいの色黒の男がタクシー運転手の坂田さんらしいことがわかった。本籍や住所がわかったので前歴の照会をすると、交通違反で検挙されたことがあっただけだった。

坂田さんの身辺捜査をしたが、まじめに会社に勤務していて不審の点は見られない。被害者の清水よし子さんと坂田さんが一緒にスナックにいったのは間違いないと思われたが、重要参考人であるのか容疑者であるのかはっきりしない。坂田さんが休みの日の朝、二人の刑事が住まいを訪れて警察手帳を示し、清水よし子さんを知っていますかと尋ねた。どのように返事をしたらよいか戸惑ったらしかったが、間をおいてから知っていますといった。スナックタイマツにいったことがありますかと尋ねると、よし子さんと一緒にいったことを認めた。店を出てからの足取りを尋ねると苦渋の表情を見せ、殺したことを認めたので本署に連行した。

取り調べると覚悟したらしく、一部始終を話すようになった。

「バーで一人で酒を飲んでいたとき、中年の女性がわたしのテーブルに座ったのです。酒を飲みながら話しているうちに意気投合し、飲み直すことにしてスナックタイマツにいったのです。酒やビールを飲んでいるうちに閉店になり、行くところがないというのでタクシーを拾ってわたしのアパートに戻ったのです。寝具が一人分しかなかったので二人で一緒の布団に入ったが、酔っていたのですぐに寝てしまったのです。目を覚ましたのが正午ごろでしたが、このときにはよし子さんは起きており、お世話になりましたといって帰ろうとしたのです。その態度がおかしかったので財布を調べると現金がなくなっており、よし子さんに尋ねると知らないといった。よし子さんが盗んだと思ったのでハンドバッグを調べようとすると抱きしめ、放そうとしなかったのでカッとなり、手で首を絞めると手放したのです。ハンドバッグを調べるとわたしの預金通帳と盗まれた現金が入っており、詰問しようと思ったときにはぐったりしていたのです。体を揺すっても動かなくなり、どのようにしたらよいかわからず気分転換しようと思って映画館にいったのです。落ちついていられず、警察に届け出ようかどうか考えたが踏ん切りがつかなかったのです。殺人の罪に問われたくなかったので死体を捨てることにし、レンタカーを借りて死体を毛布にくるんでトランクに隠し、人目につかないところに捨てることを考えながら走ったのです。帰りの燃料が気になったので細い道に入ると用水路があり、そこに捨てて帰ってきたのです」

坂田さんの供述は現場の状況とも一致しており、逮捕状を得て逮捕した。事実を裏付けるためにレンタカーの走行距離を調べたり、参考人から事情を聞いたりした。行きずりの男と女の出会いもさしたる意味はなかったが、女が泊まるところがないというので一晩泊めてくれという程度のものであった。酒が取り持つ縁であったのは確かだが、死体からは精液が発見されていなかった。金に困っていた清水さんには、あすも生きなければならないという切羽詰まった気持ちがあったようだ。坂田さんが虎の子のようにしていた財布の現金に手が伸びたのは、一夜をともにした報酬と考えたのかもしれない。清水さんは同僚からもアル中といわれるほどの酒好きであり、坂田さんも酒好きであり、酒が取り持つ縁であったが結果は悲劇になってしまった。

坂田さんの取り調べにより、明確な殺意があったかどうか明らかにすることはできなかった。殺人の罪に問われたくないので、死体を捨てたと供述したため殺人と死体遺棄事件として身柄を検察庁に送った。検事さんがどのように調べたのかわからないが、殺人と死体遺棄として起訴した。殺意があったかどうか知っているのは本人のみであり、どのように供述するかわからないが、それが公判の場で裁かれることになった。

六　詐欺

①　倒産のトラブル

国内にはたくさんの会社があるが、大きいから安全で小さいから危ないというものではない。ときたま大きな会社が倒産してニュースになるが、倒産にはそれなりの原因がある。資産が充分にあって業績が好調であれば倒産の危険は少ないかもしれないが、いつまでも持続できるという保証はない。インチキな会社になると、ことさら優良企業に見せようとし、事務室や応接室などいっそうデラックスにする。会社を存続させるというよりぼろもうけを優先させ、倒産は織り込み済みであったりする。

倒産にからんだトラブルは少なくないが、商取引なのか詐欺なのかはっきりしないことが多い。話し合いによって解決することもあれば、民事訴訟になったり詐欺の容疑で警察に告訴してくるものもある。

一一〇番通報があったので警ら中のパトカーが家具店に駆けつけると、店員の制止を振り切って債権者が家具を運び出していた。店員は運び出すのはやめてくださいといい、債権者の一人は手形を不渡りにされたから、おれが納めた家具を持ち帰るんだといっていた。パトカーの巡査はこのようなトラブルを扱ったことはなく、本署に応援を求めてきたため能勢警部補は刑事をともなって出かけた。

状況がわからないため、一一〇番をしてきた店員の話を聞いた。

「わたしたちはみんな募集の広告で採用されており、商売の経験のある者は一人もいないのです。社長は別の会社を持っていて一週間に一度か二度しか見えず、専務にまかせていたようでした。おれたちもグルだといっている債権者もいますが、だますようなことはしていません。家具を運び出されてはあすから商売ができなくなってしまいますし、運び出すのをやめさせてくれませんか」

店員の一人がこのようにいったため、一人の債権者の話を聞いた。

「アカキ家具は営業を開始してから三か月にもならないのに多額の不渡りを出しており、計画的な倒産に間違いないようです。債権者の中には店員の制止を振り切って運び出している者もいますが、これも許されないことです」

このような事情がわかったが、警察権は民事に介入することができず、うまい方法を見つけることができない。勝手に家具を運び出したといっても、自分で納めた家具を運び出したことが罪に問えるかわからない。法律に明るく実務に精通しているならともかく、犯罪を予防するために現状を凍結させる以外の方法を見つけることができない。

膠着状態がつづいたため不満を抱いた債権者の一人が詰め寄り、おれが納めた商品が店にあるが、それを運び出すこともできないんかねと食ってかかってきた。それはあなたと家具店の問題であり警察が介入することではなく、犯罪予防のために警告しただけなんですと返答した。債権者と店員の板挟みのようになってしまったが、積極的に行動がとれるような雰囲気ではなかった。処置が間違っていれば損害賠償を請求されるかもしれないし、正しかったとしても群集心理の作用によって思いがけない事態が生じることもある。一つの投石が大きな波紋を描くこともあり、一挙一動に気を配らなければならなかった。店内には家具があったから虎視眈々《こしたんたん》としている者もいれば、資金繰りができたという店員の話を信じて専務の帰りを待つ者もいた。債権者も店員もなす術《すべ》をなくしてしまい、動いていたのは実態の調査をしていた刑事と時間のみであった。

世の中には力や理論によって一刀両断に解決されることを望む者がおり、はた目にはそのようにするのがベストと見えるかもしれない。そのような方法はとりたくなかったのは、打ち負かされた者に不満が残ることを経験によって知っていたからであった。勝ったとか負けたとかの解決方法ではなく、自然にトラブルが解決することを望んでいたからどうしても時間の助けが必要であった。

債権の回収をあきらめて一人が去ると、引き続いて去っていく者が見られるようになった。他人の商品をトラックに積んでいた債権者は恥ずかしさからか、しぶしぶと元に戻したために大きなトラブルにはならなかった。いつの間にかすべての債権者が姿を消していったが、これが最善の方法であったかどうかわからない。

ある評論家は、野球は筋書きのないドラマであるといったが、きょうのトラブルだってどのような展開を見せるかわからない。損害賠償を求めて民事訴訟に持ち込まれるか、詐欺として警察に告訴されてくるかもわからない。トラブルのあった三日後に債権者から告訴があったので詐欺の疑いで捜査を開始すると、商取引を装った大きな取り込み詐欺事件へと発展して数か月の捜査を要した。

② もぐりの金融

生活に困ったとき、人はどのように資金の調達をするのだろうか。親類や知人やサラ金から借りたりするが、これは約束の期日までに返済しなくてはならない。金に困っているときに借金するため、返済に四苦八苦したりする。期日までに返済できないと信用を失うことになりかねず、金にまつわるトラブルは少なくない。盗みをするには資金がいらないというどろぼうもいれば、金もうけは人をだますにかぎるという詐欺師もいる。

主婦が考えたのはもぐりの金融であり、元金を預かると一割の利息を前払いするというものであった。複雑だと考えてしまう傾向があるが、単純でわかりやすいために飛びつく者がいた。詐欺の犯罪歴があっただけでなく人をだますのに慣れていたため話し方もうまく、口実にだまされた人も少なくなかった。

「銀行や郵便局の利子は安すぎるし、わたしに預けてくれれば高い利息を支払ってあげることができるんですよ。わたしの知人が大きな事業をやっているし、力のある親類の代議士が役員をしている立派な会社なんですよ。近いうちに上場することになっており、その会社に投資するからたくさんの配当が受けられるんです。そのために年に一割の利息を支払うことができるんですが、よそと違って一年後ではなく預けてくれたときに前払いとするのです」

著名人の名を借用し、その人と懇意にしているといったり、実力のある代議士と親類といったりした。たくさんの人から金を預けてもらっていると吹聴し、十万円を預けてもらうと別の財布から一万円を取り出してその場で支払っていた。口コミで大勢の人から金を集めることができたため、だまされているとも知らず百万円を預けて十万円の利息を受け取った者もいた。書類上ではもうかった計算になるが、一年後に元金が戻ってくるか考えていた人はいなかったようだ。

もぐりの金融に投資した被害者の一人が詐欺事件で逮捕されたが、二重にもうけようとしていた。使い道を追及され、もぐりの金融に預けていたことが発覚した。もぐりの金融をしていた女性の内偵をすると、親類に代議士がいないことがはっきりした。大企業に投資したかどうか明らかにすることはできなったが、どうして一割の利息の前払いができるのか疑問があったので呼び出して事情を聴くことにした。

親類に代議士がいるんですかと聞くと、いないといった。大企業に投資して多額の配当が得られるということですが、それはどこの会社ですかと尋ねると、プライバシーにかかわることですから話すことはできませんといった。

「どうして親類に代議士がいるとウソをついて金を集めていたのですか」

「それはウソかもしれないが、約束のとおり、すべての人に一割の利息の前払いをしていますよ。警察に捕まってしまうと金を集めることも利息を支払うこともできなくなり、すぐに釈放してくれませんか」

取り調べをしてはっきりしたのは、だまし取った現金はカバンに入れて別の財布から利息を支払っていたことだった。さまざまな資料によって追及すると、否認を貫くことができずにだましたことを認めざるを得なくなった。逮捕して取り調べをつづけると、さまざまな事実が明らかになった。

預けた人たちの名簿により、関係者の一人から事情を聞いた。

「地元の代議士が役員になっている大きな会社とか、一割の利息の前払いにするといわれて信用したのです。試しに十万円を預けると、その場で一万円の利息を支払ってくれたため、百万円を預けて十万円の利息を受け取ることができたのです。詐欺で捕まったということですが、預けた金はどのようになるのですか」

「それは民事の問題であり、警察ではタッチすることができないのです」

預けた人の中には、親類の代議士が役員になっている会社だとか、大企業だとかいわれて信用した人もいた。だれも計算上はもうけたことになっているが、一年後のことを考えた人はいなかった。犯人が捕まったために元金が戻ってくるか心配していた人もいたが、これは預ける前に考えておくべきだった。人は欲望の前に盲目になるといわれているが、これは典型的な事例かもしれない。

③ 結婚詐欺の常習者

男女の出会いはさまざまであり、片思いもあれば相思相愛もある。見合いや恋愛による結婚ということもあるが、破綻をきたしたりもする。どのように生きるのがベストか、それぞれが考えて自分の道を歩けばよいことである。出所したが仕事が見つからず、どのようにして生きようか考えた。結婚詐欺で捕まったことがあり、だましやすいタイプの女性もわかっていた。男女の交際であり、被害にかかっても届け出が少ないこともわかっていた。

捜査が開始されたのは、二十八歳の独身の女性の繁子さんからの被害の届け出があったからである。

「鈴木と名乗る三十五歳ぐらいの男と結婚する予定になっていたのです。初めてわたしの家に見えたとき、この近くに木島さんという家はありませんかと聞かれたのです。知りませんというと困ったような顔をし、掛けてあった俳句を見て、これはだれの作ですかと聞かれたのです。わたしのですと答えると、俳句の話をして造詣が深いことを知ったのです。仕事の都合でこちらにくることもありますが、そのときに立ち寄らせてもらいますといって帰ったのです。一週間ほどしたとき句集を持って見え、ふたたび俳句の話になって意気投合したのです。このようにして付き合うようになり、何度も会っているうちに親しくなったのです。わたしには結婚願望があったし、鈴木さんもいつまでも一人ではいられないといっていました。結婚を前提にして付き合うようになり、一緒に食事をしたり遅くなると泊めるようになったのです。事業を始めたいから二百万円ほど貸してくれといわれ、断ることができず定期預金を解約して貸したのです。つぎつぎに金をせびられるようになり、金を貸すことができなくなると姿を見せなくなったのです。だまされたことに気づいたのですが、泣き寝入りしたくなかったのです。ほかにもだまされた女性がいるのではないかと思い、恥を忍んで届け出ることにしたのです」

鈴木と名乗る男の犯罪歴を調べたが、該当する人物は見当たらない。結婚詐欺の犯罪歴のある者の中から、年齢や人相などから該当すると思われる数枚の写真を拾い出した。繁子さんに見せるとすぐに長谷部という男とわかり、身辺捜査を始めた。刑務所を出てから職についておらず、所在もわからない。捜査をつづけていると、三十二歳の幸江という女性と同棲していることがわかった。幸江さんの話を聞くと、繁子さんがだまされた手口とそっくりであった。結婚詐欺の疑いが濃厚であったため、任意同行を求めて事情を聴くことにした。

　二人の刑事が要件を告げて任意同行を求めると、おれは警察で調べられるような悪いことはしていないと拒否した。繁子さんからも被害の届けが出ているが、それでも出頭できないんですかと追及するとしぶしぶ応じた。

「繁子さんの話によると三百五十万円ほどだまされたということですが、それに間違いありませんか」

「付き合っていたことは間違いないし、事業資金として借りたものだが繁子さんが承知していたことだよ」

「繁子さんが承知していないから届け出てきたし、事業資金に借りたというんならどのような事業をしていたのですか」

「これから事業を始めるところであり、その準備のための資金なんだ」

「いまは幸江さんと付き合っているが、どちらの女性と結婚するつもりですか」

「おれは独身だし、二人の女性と付き合ったことがどうして罪になるんかね」

　このように弁解したが、前回の結婚詐欺で逮捕された手口に似ていた。二人はだまされたと供述しており、事業資金にするとウソをいっていたことがはっきりしたため、否認のまま逮捕して引き続き取り調べた。

「結婚詐欺で逮捕されて刑務所に入っていたが、どうしてふたたび結婚詐欺をするようになったのですか」

「逮捕されたんじゃ、ほんとうのことを話すほかないや。刑務所に入れられたとき、出所したときに役立つようにさまざまな教育を受けたんだ。働く場所がないため、悪いこととはわかっていたが慣れていた結婚詐欺をすることにしたんだ。一人暮らしの若い女性は人に頼りたがったり、結婚願望のあることがわかっていたんだ。怪しまれないため、この辺に木島さんの家はありませんかとの口実で訪ねたんだ。部屋を見渡してどんな趣味があるか調べ、俳句や華道の話などしたんだ。脈があると思えるとつぎに訪ねる口実をつくり、このようにして付き合いを始めたんだ。男女の交際だから結婚の話が出ても不思議ではないし、強姦でないかぎり罪にならないこともわかっていたよ。だましたりだまされたりすることは、ふつうの生活にもあることなんだ。それだって罪になることではないし、肉体関係を持つと別れにくいこともわかっていたよ。さまざまなウソをいっては金をだまし取り、金を出し渋るようになると別の女を探すことにしていたんだ。繁子さんにも弱味があったし、まさか警察に届けるとは思わなかったよ。刑務所にいってから再逮捕されるのもいやだからすべて話すが、最初にだましたのは真知子という女だよ」

　詐欺師はいろいろの知恵を働かせており、だますための工夫をしていたことがわかった。人は予期せぬことに遭遇することがあるが、どの被害者も綿密に計画した詐欺師の心を見抜くことができなかった。だまされたことは物心ともに大きな被害であったが、悔いても取り戻すことはできない。だが、これを糧にすればよりよい人生が送れるかもしれない。

④ 厚かった否認の壁

詐欺師は巧みに法網をくぐり抜けており、弁解がうまいために検挙がむずかしい。商取引なのか詐欺なのかわかりにくいものが少なくないが、警察権は民事に介入することができない。刑事事件なのに民事と判断すれば職務放棄にひとしくなり、取り扱いに苦慮させられる。知能犯罪者は徹底して否認するだけでなく、共犯者とも思える者がウソの証言をして罪を免れたりする。世間の人たちは前科が多いほど悪質ととらえがちであるが、これは知能犯罪者には当てはまらない。

富沢商社の社長さんから、五億円余の手形と土地をだまし取られたとの告訴状が提出された。共同事業がネックになっていたため、犯罪になるかどうかわかりにくい。新たな資料の提出を求め、再検討することにした。告訴人が帰ってしばらくすると、本部の捜査二課から電話があった。富沢さんは小室代議士の後援会の役員をしており、善処してくれないかといってきたが、どのような立場の人であっても特別に取り扱う気にはなれず、いつも公正中立であるように心がけていた。

民事の訴訟では手間と暇がかかるとし、刑事告訴してくる者もおり、そのことも考慮する必要があった。翌日、たくさんの資料を持参してきたため、照らし合わせながら説明を求めた。納得できないことも少なくなかったが、詐欺の疑いが皆無でなかったので告訴を受理して捜査することにした。告訴された韓国人のチョウさんは、詐欺の容疑で二回も逮捕されたがいずれも不起訴になっていた。あまりにも取り引きが複雑であり、犯罪が立証できるかどうかもわからない。点と点を結んで線にし、線と線を合わせて面にし、面を重ねて立体にする捜査をすすめることにした。

チョウさんは大阪で不動産会社を経営しており、事情を聴くために呼び出しても応じようとしない。関係者が大阪や北海道にいたり、国会議員の秘書の名前があるなど事実の解明がはかどらない。二か月ほどかかり、ようやく告訴の十分の一ほどの事実を明らかにすることができた。呼び出しても出頭に応じないだけでなく、行方をくらましてしまった。やむなく逮捕状を得て指名手配をし、三か月ほどしたとき大阪府警に逮捕されて護送されてきた。逮捕状の事実を告げたが真っ向から否定していたが、逮捕して取り調べることにした。

「富沢商社の社長さんは手形をだまし取られたといっているが、そのことに間違いありませんか」

「手形を融通してもらっているが、おれだって富沢商社に融資しているんだ。これが共同事業の妙味というものであり、正常な商取引なんだ。民事で争うならともかく、警察に告訴するなんて筋違いというものだ。代議士が富沢商社の役員になっているから圧力がかかっており、警察も富沢商社の肩を持っているんじゃないのかね」

徹底して否認していたため、十日間の勾留が過ぎても取り調べは進展することがなかった。二回目の勾留となっても新たな資料を見つけることもできず、供述にいささかの変化もない。

どのように説得しても否認の壁を崩すことができず、膠着状態がつづいて打開の道を見つけることができない。担当の検事さんから課長に電話があり、自白が得られるか新たな証拠がないと起訴はむずかしいといってきた。能勢警部補は課長からハッパをかけられたが、自白を強いるのがきらいであった。

署長に命じられ、能勢警部補と美山部長刑事は大阪に出張した。地図を頼りにしてチョウさんの自宅を訪ねると、そこに住んでいたのは女性の事務員であり家宅捜索を拒否された。翌日、大家さんから事情を聞くなどし、事務員の立ち会いで事務所の捜索をした。ロッカーにあった帳簿はほとんどが白紙であり、肝心の手形帳や金銭出納帳は見当たらない。交際があるといった代議士秘書の名刺はなかったが、地元の暴力団の幹部の名刺が数枚あった。雨に降られることもなく真夜中に戻り、翌日から再度の取り調べとなった。

「きのう、大阪の事務所の捜索をし、大家さんや事務員の話を聞くことができたよ。ほとんどの帳簿が白紙であっただけでなく、肝心の手形帳や金銭出納簿が見当たらなかったよ。共同事業の契約書や交際しているという大物代議士の秘書の名刺は見当たらなかったが、地元の暴力団幹部の名刺が何枚もあったよ。家賃の支払いが滞って明け渡しを迫られていることもわかったが、どんな経営をしていたのか話してくれませんか」

「前の事務員がずさんな仕事をしていたため、クビにしたんだ。こんどの事務員も帳簿の付け方を知らないため、白紙のままになってしまったんだ。おれは出張が多かったから手形帳をつける間がなかったし、携帯用の金銭出納帳は旅先で紛失してしまったんだ。大物の代議士の秘書から融資話があったが、それを確かめずに富沢さんに伝えたことはあったよ。地元の暴力団の幹部が見えたとき名刺を受け取っているが、その人たちに迷惑をかけたくないから話すことはできないね。どのように調べられてもまともな商取引が詐欺になるわけがないし、警察で証明すればいいことじゃないか。警察では富沢さんの話だけを信用し、おれが韓国人だから罪に陥れようとしているんじゃないのかね」

「代議士が富沢商社の役員になっていることやチョウさんが韓国人であることは、事件にはまったく関係のないことだよ」

「日本人は、むかしから朝鮮人といってバカにしていたじゃないか」

「戦争中はそんなことがあったかもしれないが、すべての日本人がそのようにしていたとは思えないんだ。チョウさんに信じてもらえるかどうかわからないが、沿縄の戦争では朝鮮人の軍夫と一緒に戦ったことがあったんだ。未成年のわたしにはタバコが支給されていたが、成年の朝鮮人の軍夫には支給されなかったため与えていたよ。敗戦になって収容所に入れられると、軍夫をいじめた将校は仕返しされたが、わたしはタバコを与えていたからお礼をいわれたんだ。いまはチョウさんの取り調べをしているが、将来、チョウさんのお世話にならないともかぎらないんだよ」

　人によって差別しないことがわかってもらうため、こんな話をしてしまった。するとチョウさんはだまってしまい、いままでの強気の姿勢がだんだんと軟化した。

「富沢さんの話とチョウさんの話は大きく食い違っているんだよ。わたしにはどちらの話が正しいかわからないが、チョウさんにはよくわかっていることではないですか。ウソをついて他人をだますことはできるが、だれも自分をだますことはできないんだよ。証拠隠滅したとしても、隠した事実は消すことができないしウソはばれることもあるんだよ。黙秘をつづけるのもウソをつくのもチョウさんの自由だが、これからどのようにしたらよいか考えればわかることではないですか」

「いままで何度も警察で取り調べられたが、とことん否認してきたから起訴されたことがなかったんだ。このような取り調べをされたんじゃ起訴されるのに間違いないし、否認しているより認める方が罪が軽くなると思ったんだ。富沢商社が振り出した手形を金融などで割り引いて金をつくり、それを富沢商社に融資していたことは間違いないよ。商取引を装うためにさまざまな工作をしてきたが、共同事業にしたのもだますためだったんだ。まじめに生きられるかどうかわからないが、まじめに生きたいと思うようになったよ」

チョウさんが自供したため事実が明らかになり、起訴をためらっていた検事さんも起訴に踏み切った。民事か刑事かはっきりしなかった事件であったが、六か月ほどかかって捜査を終えることができた。チョウさんの反省の言葉を全面的に信ずることはできなかったが、なぜか信じたい気持ちにさせられた。戦争と捕虜の経験はこの捜査には無関係と思われたが、取り調べに役立たせることができた。

⑤ 詐欺請負人の密約

事務所の金庫が破られて大金が盗まれたとの届け出があった。捜査一課で捜査を開始したが、金庫の壊し方が不自然であったり、近所の聞き込みによっても営業していた様子は見られなかった。ダイニチ食品が閉店して事務所は片づけられてしまい、社長さんが所在をくらましてしまった。閉店になっていたため、つぎつぎにだまされたという届け出があったため捜査二課でも捜査を開始した。

有限会社ダイニチ食品の会社登録はなく、店舗もなければ商品を販売していた様子もなかった。被害者の多くは、観光地のみやげ店や温泉旅館に販売するといわれて注文に応じていた。全国各地の警察から問い合わせがあったが、これはすべて生鮮食品であり、東京の築地市場の広田倉庫気付でダイニチ食品に送られていた。

観光地のみやげ店や温泉のホテルに売られた形跡は見当たらないし、勤めていた女性の所在もわからない。築地市場に入った商品がどのようになっているか調べるため、広田倉庫の係の人の話を聞いた。ダイニチ食品あてに入荷するとダイニチ食品に電話で知らせると、ダイニチ食品に頼まれたといって横浜の田口という人が引き取りにきたという。住所がわからないために詳しく聞くと、自動車のナンバーをつけておいたといった。ナンバー照会によって所有者は横浜市の堀田治夫であり、田口という偽名を使っていた疑いがあった。戸籍謄本を取り寄せると両親は三年前に協議離婚しており、父親の岩倉満男さんには詐欺と業務上横領の前科があった。

堀田治夫さんが広田倉庫から生鮮食品を受け取っていたものと思われたため、呼び出して事情を聴いた。

「ダイニチ食品と取り引きするようになったのは、父親の岩倉満男から紹介されたからです。ダイニチ食品との取引価格は仕入れ値の半額になっており、代金は木島社長の銀行口座に振り込んでいました。引き取った生鮮食品は自分の店で販売したり、仲間に卸していたりしていました」

築地市場に納入した被害者については、管轄する警察署に「捜査嘱託書」を郵送して被害書類の作成を依頼した。高前市のダイニチ食品の販売ルートは依然としてわからず、女性の事務員が知っているのではないかと思われたため、受領印の町田を頼りに探し、事情を聞くことができた。

「事務所にいたのは社長と二人だけでしたが、わたしも社長も商品の注文をしたことはありません。商品が届くとわたしが受領し、社長が滝沢村の藤山という人に電話し、白のライトバンを運転してきて引き取っていきました」

藤山さんを呼び出し、木島社長との関係や商品の販売先などについて聞くことができた。

「木島社長が家具屋をしていたときから付き合いがあり、商品の販売を頼まれたのです。売値の基準を示されていましたが、それは仕入れ価格の半分程度でした。県内や都内のバッタ屋に販売しており、手数料などを差し引いて現金を木島社長に渡していました。販売先はわたしが探していましたが、県内の観光地のみやげ店や温泉のホテルなどに販売したことは一度もありません」

県内や都内のバッタ屋に販売していたことがわかり、裏づけをとることができた。一か月以上も捜査をつづけてようやくこれだけの事実を明らかにできたが、いまだだれが注文したのか不明であった。

これ以上捜査をつづけても新たな証拠を得るのはむずかしく、木島社長に聴きたいと思っても所在が不明であった。任意捜査をつづけるか、強制捜査に踏み切るか二者択一を迫られた。知能犯捜査に不慣れな課長は決断できないため、署長の指示を受けて木島社長の逮捕状の請求となった。

関係者が多かったから捜査書類は分厚いものとなっていたし、だれが注文したかわからない書類であった。逮捕状請求書を裁判所に提出したがしばらく待たされ、却下されるのではないかと思ったが発せられた。全国に指名手配するとともに木島社長の追跡捜査をつづけると、印章会社で働いているとの情報を得ることができた。印章会社を突き止めると都内のデパートで営業をしていることがわかり、偽名を使っていたが写真によって木島社長であることが明らかになった。

本署に連行されてきたので能勢警部補が取り調べを始めると、おれがやっていたのは商取引であり、逮捕するなんて筋違いだと大きな声で怒鳴った。わたしは耳が悪くないからそんなに大きな声でなくても聞こえますよといなし、どうしてダイニチ食品を設立したのか尋ねるとしぶしぶ話し始めた。

「父親の会社が多額の負債を抱えて倒産したため、再建を模索していたとき友人から経営コンサルタントを紹介されたんだ。経営のことだけでなく政治や経済の知識が豊富だったので頼ることにし、共同でダイニチ食品を設立したんだ。おれが代表になり、その男に月に五十万円の報酬を支払って仕入れから販売まですべてまかせていたよ。営業が順調にいっていたが金庫の大金が盗まれて行き詰まり、閉店せざるを得なくなったんだ。警察で早く犯人を捕まえてくれさえすれば、営業がつづけることができたんだ」

藤山さんに販売を頼んでいたと思われたが、そのような人は知らないといった。五十万円の報酬を支払っていたといったが、その人の名前はわからないという。初めから否認の態度に終始しており、取り調べは空回りするばかりであった。二回目の勾留になって取り調べが長引くと妙な人間関係が生まれ、世間話ができたため木島さんの心情がわかるようになった。

「木島さんは藤山さんを知らないというが、藤山さんにはウソをつく理由が見当たらないんだ。木島さんがウソをついているかどうかわたしはわからないが、木島さんにはよくわかっていることではないですか。おれはいままでにウソをついたことは一度もないといっていた詐欺師がいたが、ウソだってメッキのようにはがれることがあるんだよ」

虚々実々の駆け引きがつづいたとき、能勢警部補は一つのことを思いついた。

木島さんは手品や奇術を見たことがありますかと聞くと、あるといった。どうしてタネや仕掛けを明かさないか尋ねると、明かせばおもしろくなくなるからじゃないかといった。

「たくさんの詐欺事件の捜査をしてきたため、詐欺師のやり方がわかるようになったよ。木島さんにはコンサルタントがだれかわかっているが、わたしは想像することしかできないんだよ。わたしが知りたいのは、木島さんがいままでにしゃべっていないことや、しゃべりたくないことなんだよ。木に木を接いだような話なら信用できるが、木に竹を接いだような話をされたんじゃ信ずることができないね。捜査にはナゾ解きゲームみたいなところがあり、木島さんがすべて話してくれればナゾが解けると思うんだ。大金を盗まれたといって閉店するのも詐欺師の常套手段みたいなものであり、木島さんが考えついたとは思えないんだよ。どのように言いつくろっても事実を変えることはできないし、自分でやってきたことがよいことか、悪いことであったか考えればわかることじゃないですか。きょうの取り調べはこれで打ち切ることにするが、どのようにしたらよいか、あすの取り調べまでよく考えてくれないか」

翌日、取り調べを再開したが、否認の態度を変えようとしないため追い打ちをかけた。

「どのように取り調べをしてもコンサルタントの名を明かさないかぎり、この事件のナゾを解くことはできないんだよ。だれがコンサルタントであるか知らないと言い張ることはできるが、それがウソであることは木島さんにはわかっていることじゃないですか。いままでの取り調べでわかったのは、コンサルタントの間になんらかの密約があるような気がしてならないんだ」

このように追及すると図星だったらしく返事に困ってしまい、しばらく考えてから口を開いた。

「そこまで捜査されたんじゃ、いつまでもしらばくれているわけにはいかないや。お互いに捕まっても相手のことは話さないという約束がしてあり、どうしても話すことができなかったんだ。毎日のように痛いところを突かれてしまい、どのような弁解をしても受け入れてもらえず、だんだんと覚悟を決めるようになったんだ。長年の取り引きであった武田さんから、おれが知っている人が経営コンサルタントを紹介してやるよといわれたんだ。資金繰りに困った経営者が何人も助けられており、木島さんもその人にめんどうをみてもらう気はないかねといわれたんだ。岩倉を紹介されて共同で会社を設立することになったとき、おれには独特なやり方があるが、月に五十万円で請け負ってやるよ。金もうけのためにはやばい橋を渡ることもあり、警察に捕まったとき名前を絶対に口にしない約束をしてもらいたいんだといわれたんだ。仕入れから販売まですべて岩倉にまかせたが、ダイニチ食品に入った菓子類だけはおれが藤山に頼んでいたんだ」

このように木島さんが供述したため、ためらっていた検事さんも起訴に踏み切った。いまだ岩倉さんの所在はわからないが、被害者は北海道から九州まで十八道府県にまたがっており、被害者の数は九十六名で被害の総額は二億円を上回っていた。ダイニチ食品には冷蔵設備がないため菓子類だけが送られ、生鮮食料品はすべて築地市場の広田倉庫気付で送られていた。

木島さんが自供したため、岩倉満男さんの逮捕状を得て指名手配することができた。債務逃れの離婚と思われていたため別れた妻のところに立ち回り手配をすると、半月ほどして神奈川県の警察官に逮捕されて護送されてきた。

能勢警部補が逮捕状を示して犯罪事実を告げたが、ダイニチ食品も木島社長も知らないという。堀田さんも知らないといったため、自分の息子を忘れたのですかと聴くと苦笑した。菓子類も生鮮食品も注文したこともなく、築地市場の広田倉庫も知らないと否定していたが、それは予想されていたことであった。

「ダイニチ食品や木島社長を知らないというが、すでに木島さんが逮捕されているんだよ。否認するのも認めるのも自由だが、岩倉さんとの間に密約があったことを認めているんだよ」

「密約がばれたんじゃすべて話すことにするよ。父親が大きな材木商をしていたが詐欺の被害にあって倒産に追い込まれ、大学を中退して食品会社のセールスになったんだ。仕事を覚えたので独立して食品会社をつくって業績を伸ばすことができたが、交通事故の被害にあって入院していたとき、経理係に大金を使い込まれて倒産したんだ。多額の債務を抱えたため債権者や暴力団に返済を迫られ、危ない商取引を始めたために警察に逮捕され懲役二年の実刑になったんだ。出所したが商売を始める資金がなく、経営に困っている小企業の人たちを助けてやろうと思ってコンサルタントになったんだ」

川崎市の郊外に一軒の家を借りていたことがわかり、家宅捜索令状を受けてたくさんの資料を押収した。数冊の大学ノートとたくさんのスクラップブックがあったが、取引先の商店名などがぎっしり書き込まれていた。大学ノートには○や△や×の印がつけられ、スクラップブックには、さまざまな商品の包装紙や広告類が張り付けられて注文した年月日が書き込まれていた。それらの資料によって取り調べると一部始終を話すようになった。

「おれは旅行が好きだから全国各地をめぐっており、旅館で出された料理をチェックしておいたんだ。みやげ店や駅の売店で買い物をしたときは、包装紙など持ち帰ってスクラップにし、食べた味をノートにつけたりしていたよ。業界誌を手に入れるなどし、こちらは高前市のダイニチ食品ですが、県内の観光地やホテルなどに卸しており、先日、南西駅の売店で購入したS印のお菓子を賞味したが、これだったらお年寄りや若者によろこばれるのではないですかなどといって注文していたよ。ダイニチ食品には冷蔵庫がないため菓子や乾物など送らせ、生鮮食品はすべて築地の広田倉庫に送らせていたよ。おれは注文して販売はすべて木島社長がしており、生鮮食品が息子のところにも売られていたことは知っていたよ」

押収した資料により、ダイニチ食品以外にも経営コンサルタントになっていることがわかった。沼川市の有限会社奈良食品と、久留間町の田村食品の経営コンサルタントになっており、ダイニチ食品と同様な契約を結んでいたことがわかった。奈良食品の社長さんは取り込み詐欺の容疑で警察に逮捕され、検察官の取り調べでも徹底して否認していたため処分保留になっていた。田村食品の社長さんは取り込み詐欺の容疑で警察の取り調べを受けたが、すべてを否認していたために逮捕を免れていた。岩倉さんの自供によってすべての事実が明らかになり、奈良食品や田村食品の社長さんも逮捕された。岩倉さんは二年間にわたってコンサルタントの仕事をしていたが、被害者の中には倒産に追い込まれた商店もあった。取り引きにはだまし合いみたいなところがあり、敗れた者が被害者になって勝った者が被疑者になったという構図も見られた。

金庫の大金が盗まれたとの届け出によって始められた捜査であったが、思いがけないほどむずかしい事件であった。木島さんの取り調べにてこずったが、すべて自供したために多くのナゾを解くことができた。木島さんのほかにもウソと思える供述があったが、参考人のために深く追及することができなかった。物証にとぼしかったため供述が重要な要素になっていたが、その供述がウソか真実か見極めるのは簡単ではなかった。

七　ニセモノ

①　ダイヤは本物か、ニセモノか

世の中には、本物かニセモノかわかりにくいものが少なくない。物品であればよい物であるか悪い物であるか識別できるが、人間になると善人か悪人か見分けるのがむずかしい。骨董品や古美術品などになると、専門家でもわかりにくいものがあるという。ニセモノを本物と思っている者もいれば、ニセモノと承知して売りつける者もいる。

町工場を訪れたとき、社長さんが古銭をつくっていた。どんな目的か尋ねると、研究のためだといった。つくられた古銭は本物そっくりであり、見比べて社長さんの説明を聞いて違いのあることがわかった。ブランド商品にもニセモノが少なくなく、一見しただけでは見分けることが困難である。どんなに精巧にできていても本物にはならないが、見栄えがするから価値があるのかもしれない。ニセモノを販売している業者には本物と思わせるような工夫をし、わざと高価で売りつけている者もいるという。

質屋さんから、ニセダイヤの指輪をつかまされたとの届け出があった。話を聞くと質流れしたため市場に出し、ニセモノとわかったという。ニセモノか本物か明らかにするために鑑定に出すと、ダイヤモニヤという人造石とわかったので宝石業者の話を聞いた。

「電子機器の部品として開発されたものであり、ダイヤに似ているためにセカンドリング(代用品)として使用されているのです。安いために利用する者もいますが、わたしのところでは取り扱っていません。宝石類にはニセモノがあるため、高価なものには保証書や鑑定書などが添付されています。流通経路が複雑であるために価格のつけ方も一定しておらず、悪質な業者になると鑑定書など書き換えたりする者もいるのです」

本物のダイヤと思って質に入れたのであれば罪にならないが、ニセモノと承知していれば罪に問われかねない。入質していた若い男は無職であったが犯罪歴はなく、用件を告げて呼び出して事情を聴いた。

「質に入れたダイヤがニセモノとわかったのですが、どのようにして手に入れたのですか」

「自動車で通りがかった人に声をかけられ、売れ残ったダイヤを安くしておくから買ってくれないかといわれたのです。ダイヤが高価なものと聞いていたし、本物にしては安いと思ったから買ったのです」

「高価なダイヤの指輪をどうして質から出さず、流すようなことをしたのですか」

「受け出す資金がなかったからです」

「高価なダイヤの指輪であったら質に流すことはせず、なんとかして資金をつくって質から出すようにするのではないですか」

ニセモノと知っていたかどうか試すため、このような質問をした。しばらく考えてから、なんとかして資金の都合をつけ、利息を支払って受け出すことにしますといった。そのことだけでなく、通りがかりの中年の男から手に入れたということにも疑問があった。男の供述に疑問が残っていたが、事実を知っているのは本人のみであり、深く追及することができなかった。ダイヤがニセモノであることは鑑定によって明らかにすることができたが、言葉がウソであるかどうか見抜くことはできなかった。

②　著名画家のニセ版画

ニセの版画が出回っているとのうわさを聞き込んだ。現物を手に入れるため美術愛好家のところをめぐり、サラリーマンの家庭を訪ねた。部屋に洋画が掲げてあっただ、どこかで見かけた風景であったので尋ねると、パリのモンマルトルだといった。絵と写真には共通している部分が少なくなく、雑談しているうちになごやかな雰囲気になった。

「ニセの版画が出回っているうわさを耳にしたのですが、心当たりはありませんか」

友達が買っているかもしれないといい、了解を得たので訪ねていって事情を聞いた。

「これは棟方志功先生の版画ですが、生活に困った家族が手放すことになったのです。高価なものですが格安に手に入れることができたため、三十万円で売ることができるのです。すぐに売れてしまいますが、二枚でも三枚でも買ってくれませんといわれたのです。売りにきたのは桐山市の珍品堂の古美術商ですが、金がなかったので一枚にしたのです」

版画を二枚も買った建設会社の社長さんがいたため、鑑定に出して棟方志功先生のニセモノとわかった。珍品堂の主人の吉田さんから事情を聞くと、コレクターから買ったといったため、西山さんの話を聴くことにした。

「珍品堂に売った棟方志功先生の版画がニセモノとわかったのですが、どこから仕入れたのですか」

「本物と思って仕入れたものであり、ニセモノとわかっていれば取り扱いませんよ。どこから仕入れたかはプライバシーに関することであり、話すことはできませんね」

どんなに追及しても仕入れ先を話そうとしないため、西山さんの身辺捜査をした。暴力団との交遊があったり、珍品堂の主人の吉田さんと旧知の仲であることもわかった、吉田さんの話にも信用できないものがあり、ふたたび聴くことにした。

「あちこちで版画を売っていますが、ほんとうにニセ版画と知らなかったのですか。売りにいったときニセ版画の疑いがあるとしてキャンセルになったと思いますが、そんなことがありませんか」

このように尋ねるとだまってしまったが、ようやく重い口を開いてニセ版画であることを認めた。さらに追及すると、西山さんと一緒に静岡県の浅井古美術商にいき、ニセの版画をつくっているところを見せてもらったともいった。そのために西山さんを呼び出してふたたび取り調べた。

「吉田さんが懇意にしていた静岡の浅井古美術商に一緒にいき、棟方先生の版画をつくっているのを見せてもらったことがありました。吉田さんと浅井さんがどのように話し合ったかわからないが、仕入れて売ることにしたのです」

二人ともニセの版画であることを承知して仕入れ、多くの人に売っていたことを自供した。

そのために二人を逮捕し、家宅捜索令状を得てたくさんの資料を押収した。

浅井古美術商がニセの版画をつくり、売っていたことが明らかになったため、浅井さんの逮捕状を得ることができた。自宅にいって事情を聴くと、ニセの版画をつくって吉田さんや西山さんに売っていたことを認めたので逮捕した。

本署に連行してきて取り調べ、経歴やニセ版画をつくる動機などについて尋ねた。

「大学の美術部を卒業して画家を志していたが、どんなに絵を描いても売れなかったのです。生活に困るようになってサラリーマンとなったが、美術の夢が捨てられずに古美術商になったのです。たくさんの画家の絵を取り扱っているうち、興味があったので棟方先生の版画をまねたのです。親しい古美術商の吉田さんに版画をつくっている話をすると作業場に見え、これは本物そっくりだから売れるんじゃないかといわれたのです。画商をしている西山さんを連れて見えたときいろいろ話し合い、西山さんも生活資金に困っていたらしく取り引きすることにしたのです」

浅井さんがすべてを自供したため、全体像を明らかにすることができた。つくられたのは棟方志功先生と清水崑先生のものだけであったが、ほかの先生の版画をつくる準備がなされていた。浅井さんの供述は吉田さんや西山さんの供述とも合致し、ふたたび吉田さんや西山さんの取り調べをして、すべての販売先を明らかにすることができた。

買った人の話はまちまちであり、鑑賞のために手に入れた者もいれば転売して金もうけをしようとしていた者もいた。多くの人がうまい話をされ、ニセの落款《らっかん》を信じて安いと思って買ったりしていた。ニセモノと知ってがっかりしていた者もいたが、版画その物に変わりはなくても鑑賞眼や価値観に大きな狂いが生じていた。美術の愛好家といわれていても版画の観察眼にとぼしかったり、安物に飛びついたために安物買いの銭失いみたいになった。ニセモノとわかっては転売することも鑑賞する気にもなれず、ニセ版画がどのような歩みをするかわからない。

③ 健康の名のコピー食品

朝鮮人参酒は健康によいとされており、高価で取り引きされている。男が目につけたのはニセモノの朝鮮人参酒をつくることであり、本物のレッテルを韓国から仕入れた。日本の焼酎と人参の入った瓶に貼り付け、少しばかり安値で売りつけていた。本物の味を知らない者はレッテルにだまされていたが、本物の味を知っていた者の届け出により、鑑定してもらってニセモノとわかった。

捜査が開始されてニセモノをつくっていた業者の取り調べをした。本物と主張していたが、さまざまな資料を突きつけると偽造していたことを認めざるを得なかった。販売していた業者の取り調べをすると、本物と思って仕入れていたと主張していたが、販売価格に疑問があった。さらに捜査をつづけると、仕入れ値が格安であったが高価で売っていたことがわかった。この点を追及すると弁解に行き詰まり、ニセの朝鮮人参酒であることを知りながら販売していたことを認めた。販売業者の中には徹底して否認していた者もいたが、事実の前に屈服せざるを得なかった。

コピー食品といわれるものには、本物と見分けにくいものが少なくない。コピー食品はできるだけ味も形も本物に近づけようとしているため、本物の味を知らないとだまされやすい。本物よりも安くてうまいとなれば売れるかもしれないが、安全であるかどうかはわからない。どんなに安くても健康に悪影響があることになれば、高価な代償を支払わされることになる。コピー食品がうまくて安くて健康的であることが保証されると、やがて本物を凌駕するようになるかもしれない

自然食ブームがやってくると、添加物の入った食品がきらわれるようになった。米や野菜などにしても無農薬のものが好まれるようになったため、さまざまな面で農家の負担が大きくなった。形の悪いものは市場価値がないとして敬遠され、選別作業に負担がかかるだけでなく廃棄されるようになった。野菜は新鮮なうちに市場に届け出られるようにするため、朝早くからの作業になって、労働時間が長くなっても収入は追いつかず後継者不足に悩まされている。

肥満が健康によくないといわれると、ダイエット食品が売られるようになった。栄養が乏しいというのでこんにゃくが仲間入りをしたかと思うと、豆乳ブームが起きたり、スポーツドリンクが爆発的に売れたりした。一時的なブームで終わったり、長続きするものもあり、そのことをもっともよく知っているのは消費者かもしれない。

一日三回飲むだけでやせられると宣伝し、通信販売している会社があった。試した人の経験談によると健康になったといっているが、ほんとうなのか、やらせなのかわからない。派手な宣伝をすると販売量が増えるといわれているが、結局、広告宣伝費は消費者が負担する

ことになる。安くてうまくて健康的であると保証されれば、宣伝費をかけなくても口コミで売れるようになるし、いつまでもつづくのではないか。情報化社会といわれているが、宣伝にまどわされることなく真実を知るように心がけたいものである。

たとえ健康に自信のある人であっても、暴飲暴食をつづけたり、過労に陥ったりすれば心身がむしばまれることになる。多くの人が節制に心がけているが、それだって過度になると不健康になるかもしれない。健康食品といわれただけで飛びつく者がいるが、健康になれると錯覚してしまうのかもしれない。健康によいと思って飲食していたものが、後になって不健康だったとわかると、なんともいえぬ後味の悪い思いにさせられるのではないか。ニセモノにだまされないように気をつけたいが、あまりにも情報が多くて真偽を明らかにするのはむずかしい。だまされないためにはさまざまな知識を身につけ、自ら判断する能力を身につけるほかない。

④ 否認していた女の思惑

ニセ札が出回ったりすると大騒ぎになるが、精巧にできているものもあれば、ちゃちなものもある。コピー機が普及したり印刷技術が向上したためか、偽造された商品券が出回ったこともあった。本物として通用していることもあるが、ニセモノとわかれば紙くず同然になる。捨てるのが惜しくて使用すれば罪に問われるが、本物と思っていたと主張されるとそれを明らかにするのは簡単ではない。

質屋さんから、ニセの株券をつかまされたとの届け出があった。質入れをしていたのは岸山佐知子さんであり、差し出された株券は精巧にできていて見た目ではわかりにくい。発行した電力会社で鑑定してもらうと、旧株券に似せた偽造の株券とわかった。

岸山さんを呼び出して事情を聴くと、質に入れたことは認めたが本物と思っていたと主張した。だれから手に入れたのと尋ねると、電力会社の役員から受け取ったといった。その人の名前を尋ねると、プライバシーのことには答えられないといった。一年以上前に十通を買い受けて三通を質に入れたが、偽造とわかったのでは残りは破棄することにしますといった。

それから半年ほど経過したとき、電力会社から電話があった。富田銀行で同種の株券が使われていることがわかり、お知らせてしますといってきた。早速、富田銀行吾川支店に出かけていって支店長さんの話を聞いた。

「貿易商の岸山社長と取り引きするようになったのは、地元の代議士の紹介があったからです。政治や経済にも精通してたくさんの人脈があり、信用できる人だと思って株券を担保に融資したのです。期日になったので督促したが返済されず、東京に出張したときに電力会社で調べてもらい偽造されたものとわかったのです。代議士に紹介されていたことですし、やがて返済してくれるものと思っていたため届け出をしなかったのです」

銀行に担保に入れた株券は、表面は質屋に入れたものと同じであったが、異なっていたのは裏面だけであった。偽造されたものであることが明かであり、有価証券偽造行使の詐欺の容疑があったため呼び出して事情を聴いた。

「どうしてふたたびニセ株券を担保にし、富田銀行吾川支店から二百万円の融資を受けたのですか」

「その株券は質に入れたものと違っています。これも電力会社の役員から受け取ったものであり、本物の株券と思ったから担保にして融資を受けたのです」

「質に入れたものと表面は同じであり、その株券は破棄したのではなかったのですか」

「あの株券とは違いますし、名前はいえませんが電力会社の役員から受け取ったものです」

どのように取り調べても本物であったとの主張を変えず、任意の取り調べには限界があったため強制捜査に踏み切ることにした。逮捕した翌日、事務所と自宅の捜索をすると、デラックスな家具や調度品があって優雅な生活をしていると思われた。事務所にはたくさんの貴金属や横文字の帳簿や伝票などがあったし、本物なのかイミテーションなのかわからない宝石類もあった。横文字で書かれた帳簿類だけでなく、著名な政治家や実業家の書簡などがあった。どこの国の文字かわからない帳簿があったり、著名人とどんな関係にあるのか見当がつかなかった。

裏づけ捜査によって株券の裏面の印刷した会社も判明し、どんな印鑑でも取り扱うブローカーの存在も明らかになった。これらの事実にもとづいて追及したが否認の態度は変わらず、取り調べは膠着状態になってしまった。十日間の勾留になったとき語学の堪能な検事さんが書類を調べ、英語だけでなくロシア語やフランス語で書かれた帳簿があることがわかった。横文字の帳簿や著名人の書簡のことを尋ねても黙秘しており、推測することさえ困難であった。

「岸山さんは偽造された株券を担保にし、融資を受けていた疑いで逮捕されているんですよ。

否認していたのではほんとうのことがわからないし、疑いを晴らしたかったらほんとうの話をしてくれませんか」

　岸山さんがどのように考えているかわからないが、いままで多くの被疑者の取り調べをしてきたため、いろいろなタイプの人がいることがわかっていた。どうしても岸山さんの気持ちは理解できず、取り調べというより話し合うことに重点をおくと、人と人との話し合いができるようになった。事務所に外国語の書類がたくさんあったけれど、どこで勉強をしたのですかと尋ねた。アメリカの大学に入って英語やフランス語やロシア語を学んだといい、アメリカの暮らしは長かったといった。ガッテンという言葉を知っていますかと聞くと、係長はおかしな言葉を知っているがどこで覚えたのですかと聞かれた。

「沖縄の戦いに参加してアメリカ軍の捕虜になり、一年三か月ほど強制労働に従事して多くの将兵に接したのです。片言の英語にゼスチャーを交えて話をしていたとき軍人が使っていたし、アメリカ人と日本人の考えにも違いがあることを知ったのです」

　このような話をすると、だんだんと打ち解けてきた。それでも事実を認めようとはしなかったため、取り調べははかどらなかった。記者発表が差し控えられていたが、一人の記者にかぎつけられたために発表せざるを得なくなった。新聞で報道されると布団メーカーの社長さんが被害の届け出にやってきた。

「けさ、新聞を読んで貿易商の岸山が逮捕されていることを知ったのです。わたしのところは二十枚の羽毛布団を頼まれ、外国から入金になったら支払いますといわれ、外国為替のコピーを渡されたのです。支払ってもらえるかどうか不安になり、コピーを持ってきたので本物かどうか調べてくれませんか」

提出された外国為替のコピーは英語で書かれたものであり、英和辞典で調べてわかったのは一部にすぎなかった。銀行で保管されていた現物と対照すると、金額欄の数字だけが書き換えられていた。鑑定によって事務所で使用していたタイプライターと同じであることがわかり、私文書偽造行使の疑いで取り調べた。

再勾留の残りが少なくなったとき、担当の検事さんから課長に電話があった。

「株券の偽造については起訴するかどうか検討しているが、外国為替のコピーが偽造されたことが明らかであり、私文書偽造行使で再逮捕したらどうか」

私文書偽造行使の疑いで逮捕したが、どのように取り調べてもその事実を認めようとしない。銀行から融資を受けていたり、羽毛布団を注文したりしているが、支払うことができるんですかと追及した。すると、都内にある土地を処分すればそのくらいの金の都合できますよといった。ウソかもしれないと思いながら登記簿謄本を取り寄せると、都内の一等地に岸山佐知子名義の土地があった。どのようにして手に入れたかと尋ねても答えなかったが、登記簿謄本に実業家の名前があった。

「岸山さんはすべて否認しているが、勾留期限がくれば起訴になるか釈放されるかどちらかになるんです。どのようになるかわからないが、一か月近くも取り調べをして岸山さんの人となりがわかったような気がするんです。どうして事実を認めないのかわからないが、自分がやったことがよいことか悪いことだったかわかるのではないですか。病気は医師の治療によって治すことができるが、犯罪という病は自ら治すほかないんです。政治家や実業家などの書簡がたくさんあるし、どうして都内の一等地に土地を持っているかどうしてもわからないんです」

このように尋ねると返事がしにくいらしくだまってしまい、プライベートにかかわることでもあり深く追及できなかった。

徹底して否認していたが、有価証券偽造行使詐欺と外国為替偽造行使で起訴された。難航していた取り調べにピリオドが打たれることになったため、ふたたび岸山さんと話し合った。

「近いうちに拘置所に移ることになるが、これからどのように生きたらよいか考えたらどうですか」

「先日、話したくなかったといってだまってしまいましたが、話しておきたい気になったのです。いままでにだれにも話したことはなかったのですが、大学受験のために戸籍謄本を取り寄せたところ、実の両親と思っていたのが育ての親とわかったのです。大きなショックを受けて満足に眠ることができず、自殺まで考えてしまったのです。心配した育ての親が実の父親に知らせるとすぐに見え、いろいろのいきさつを話してくれたので納得することができたのです。わたしの将来のことを考えてアメリカの大学に入学させてくれたし、卒業すると資金を出してくれたので貿易の仕事を始めることができたのです。多くの人に接して商売に駆け引きのあることがわかり、だましたりだまされたりしていると詐欺の疑いで逮捕されたのです。そのときに心配してくれた父の知人や友人から励ましの手紙をもらったのですが、これでナゾが解けたでしょうか。もっと話したいことがありますが、これは拘置所に移ってからにします」

「いろいろの事情があることがわかったが、まじめに生きようと思ったら裁判でも正直に話すことですね」

取り調べる者と取り調べられる者との立場は異なっていたが、しまいには人間同士の話し合いができるようになった。それでも最後まで認めようとしなかったのは、妙なプライドがあったからかもしれない。拘置所に移ってから頻繁に手紙が送られてきたが、恋文のようなものもあれば散文詩などがあった。暇にまかせて書いたものか、本心で書いたものかわからないが、取り調べ中の心境と大いに変わっていた。拘置所でどのような生活をしているかわからないが、立ち直ることができるのではないかと思った。

⑤ 二重契約書のからくり

ニセの契約書がつくられていても、ばれないかぎり本物として通用している。偽造される文書はさまざまであり、私文書もあれば公文書もある。詐欺グループには元印刷工もいるし、手形に精通している者もいる。どんな印鑑でもつくる印章屋もいるため、どのようなニセの文書をつくるのも可能であった。

ニセの百万円の札束をつくっていた詐欺師がいたが、表と裏が本物の一万円札で中をあんこにしたものであった。それが五万円で取り引きされていたが、見せ金にしていただけだったから容易にばれなかった。警察に捕まるような詐欺師はほんとうの詐欺師ではないとうそぶいている者もおり、知能犯捜査のむずかしいことがわかっていた。

建設会社の社長さんが振り出した手形が不渡りになり、暴力団の手に渡って債権の回収を迫られているとの話を聞きつけた。社長さんの行方がわからないため奥さんに尋ねると、駒形病院に入院しているという。院長さんの承諾を得て本人から話を聞くと、知人の須永さんのあっせんで融通手形を出したが、連鎖倒産して不渡りになった手形が暴力団の手に渡ったという。

須永さんの身辺捜査をすると、不動産の取り引きをしたり選挙ブローカーのような存在であった。父親が政治家であったからたくさんの人脈があり、幅広い活動をしていた。喫茶店を経営している主人の山林の売買にからんでいる話を聞きつけ、経営者の宮田さんから話を聞いた。

「須永さんは店のお客さんであり、不動産のあっせんをしていることを聞いたので山林の売却を依頼したのです。この山林にゴルフ場ができる予定になったため、父が広大な山林を買い入れていたのです。話が立ち消えになってしまったし、父が亡くなったので手放すことにして須永さんに売買契約書をつくってもらったのです。節税対策のためにもう一通必要だといわれ、金額を書き入れない売買契約書も渡したのです」

山林の登記簿謄本を取り寄せると、買い主は利根土地開発となっており、高前農業協同組合に抵当権が設定されていた。農協の専務さんから話を聞くと、売買契約書を基準にして土地を担保にして利根土地開発に一千三百万円を融資していたという。そのほかにも二つの物件についても融資がなされており、詐欺の疑いが濃厚になった。捜査をつづけると、いずれも節税対策として書かれた売買契約書の空欄の金額欄が水増しされて融資を受けていたことがわかった。

捜査が始まると利根土地開発は営業を停止し、社長さんも専務さんも行方をくらましてしまった。逮捕状を得て指名手配をし、行方を追って情婦のところに隠れていた社長の三隅さんを見つけて逮捕し、本署において本格的に取り調べをした。

「三隅さんは水増しした土地の売買契約書を高前農協に提出し、千三百万円の融資を受けていませんか」

「融資を受けているが、あれは正当な取り引きであり、一部は返済しているよ。これからも返済するつもりだが、どうしてそれが詐欺になるんだね」

「いままでに二度も警察に逮捕されているが、いずれも不起訴になっていることがわかっているよ。手強いことがわかっていたから慎重に捜査をすすめてきたが、黙秘権があるんだから拒否するのもウソをつくのも自由だよ。だが、わたしがどんな捜査をしてきたか賢明な三隅さんにはわかっていると思うんだよ。どうして二重の契約書をつくって水増しをした書類だけ農協に提出したか説明してくれないか」

「みんな須永さんがやってくれたことであり、おれにはわからないね」

「すでに須永さんの取り調べをしており、話に大きな食い違いがあるんだよ。どちらの話が正しいかわたしにはわからないが、三隅さんにはよくわかっていることではないですか」

「徹底して否認するつもりでいたが、須永さんから捜査の情報が入っていたから今回は覚悟していたよ。おれは銀行の融資の係をしていたことがあり、どのようにすれば農協から融資が受けられるかわかっていたよ。そのために農協に影響力のある県議の名前を利用して融資の申し込みをするとうまくいったが、このような捜査をされたんじゃ認めるほかないや」

取り調べが難航するものと思われていたが、三隅さんがあっさり認めたため三件の事実を明らかにすることができた。須永さんに共犯の疑いがあったため、再度の取り調べをした。二重の契約書をつくらせていたことは認めたが、すべて三隅社長に渡したが融資にはまったくタッチしていないと主張した。三隅さんも須永さんをかばっているらしく、融資にはかかわっていないといった。

三隅さんが起訴されて一か月ほどしたとき、専務の山下さんが新潟県警に逮捕され護送されてきた。取り調べをするとすなおに犯罪事実を認めたが、おじの県議については語ろうとしなかった。黒幕の須永さんの共謀の疑いがぬぐい切れなかったが、二人とも共謀を否定していたため立証することができなかった。詐欺師たちには仲間に罪をなすりつけようとする者もいれば、ウソの供述をしてかばったりする者もいる。それには思惑がからんでいたりするが、それは推測するだけであった。須永さんにウソの供述があると思われたが、参考人とあっては深く追及することができなかった。

八　横領・背任

①　農協職員の帳じり合わせ

企業内で使い込みがあっても内密に処理され、警察に届けられるのはいたって少ない。公になると組織の乱れが指摘されたり、監督責任を問われたりするからである。懲戒処分にすれば退職金を支払わずに済むが、依願免職にして退職金で穴埋めさせる企業もあるといわれている。おこなわれた犯罪は消すことができないが、届け出がないと容易に捜査に着手することができない。

白川農協の理事長さんから告訴があったが、それは職員に数百万円を使い込まれたというものであった。

「総会が近づいてきたとき、職員の使い込みが取り上げられたのです。放置すれば理事長の責任が問われるため、父親に弁償を求めたが金がないとの理由で拒否されたのです。警察には届け出たくなかったのですが、やむなく告訴することにしたのです」

農協の組織がどのようになっているかわからないため、そのことを理事長さんに尋ねた。

「組合には理事長のほかに十名の理事がいますが、みんな組合員が選ばれており、理事長は理事の互選によって決まるのです。理事の多くは四年の任期で交替しており、農家の出身の者が多いために経営には素人みたいなものです。そのために職員の最高の役職にある参事の意向が大きく作用し、事務処理などまかせてしまうのです」

二年間にわたって使い込みがばれなかったのは、チェック体制の甘さが原因といわれている。農協の経理事務はほとんど伝票で処理されており、一日に集計されたものが日計表となっていた。一か月したものが月計表になり、一年をまとめたものが年計表になっていたことがわかった。いずれも貸し方と借り方が合致すると正しいとされていたため、内容については調査されていなかった。

使い込んだ事実を明らかにするためには、すべての伝票をチェックしなければならなかった。二年間の伝票は膨大なものであったが、使い込みをしたとされる女子職員の分にしぼると三分の一ほどになった。日付順に並べて一枚ずつ調べていくと、使い込みを始めたころの金額は少なかったが、だんだんと大きくなっていった。すべての裏づけを終えて不正経理の実態が明らかになり、使い込んだ金額が五百五十万円ほどになっていた。

女子職員を呼び出し、使い込みをしたいきさつについて尋ねた。

「雨の降る夜道を一人で歩いていたとき、中学校の先輩の男に声をかけられて家まで送ってもらったのです。そのことがきっかけで交際するようになり、ドライブをしたり映画を見るなどしたのです。それらの費用はすべてわたしが負担しており、小遣い銭をせびられても断ることはできなかったのです。金額が大きくなったので組合の金に手をつけるようになり、伝票の金額を書き換えたり破るなどして帳じりを合わせていたのです」

男女の出会いはさまざまであり、親切な先輩だと思って交際を始めていた。金をせびられても断ることができず、業務上横領という罪を犯してしまった。使い込んだ金額が大きかったから署長は逮捕したかったが、大半が男にみつがれていたために賛成することができなかった。任意の取り調べとなって書類が検察庁に送られると、検事さんの取り調べとなった。農協と父親の間で示談となったため不起訴になると、捜査が無駄になったという声が聞かれたが経験したことは無駄ではなかった。被疑者として取り調べられたことは、娘さんにとっては人生を左右しかねないほど重大な問題であったが、能勢警部補は農協の仕組みだけでなく、娘さんの幸せよりも金を大事に考えていた父親がいることを知った。

② ギャンブル狂の経理課長

どのような組織にあっても経理の担当者はおり、特殊な技術とみなされているために配置換えになることが少ない。経営に熱心な社長さんもいるが、経理事務に明るいとはかぎらない。節税対策のために二重の書類がつくられるようになると、使い込みがより容易になる。経理担当者から出された書類を見せられても、チェックする能力がないと不正が見逃されたりする。何億円もの使い込みが発覚して新聞の紙面をにぎわすことがあるが、どうして長い年月ばれなかったのか不思議に思うことがある。横領する者はさまざまな工夫をこらして帳じりを合わせており、よほどのことがないかぎりばれることがない。

勤務時間が終了したので詐欺被疑者の取り調べを打ち切ったとき、会社の金を使い込んだといって中年の男が自首してきた。

「わたしは相田燃料会社の経理課長をしていますが、二年間に三千万円ぐらいをギャンブルに使ってしまったのです。当座預金の額が少なくなり、穴埋めしようと思って集金した五十万円を持って高前競輪場にいったのですが、すべてはずれてしまったのです。あすの手形を落とすことができず、そのために自首することにしたのです」

長谷田さんには業務上横領と背任の前科があったため、逮捕を前提にして取り調べることにした。会社に電話したが通じないし、社長さんは自宅に戻っていない。関係者を探しては裏づけをとったために時間がかかり、捜査を終えたときには十時を過ぎていた。急いでいたために書類も乱雑になりがちであったが、自首調書が添付されていたためか逮捕状はすんなりと発せられた。

翌日から本格的に取り調べとなり、学歴や経歴などについて尋ねた。

「大学を卒業して都内の会社で働いていたが、使い込みをしたために警察に訴えられ取り調べられたのです。執行猶予となったため刑務所には収容されなかったが、都内で住むことができなくなったので高前市にやってきたのです。働き口を探すためウソの履歴書を職業安定所に提出すると、現在の会社に経理係長として採用されたのです。課長が交通事故で亡くなって後がまになると会社の金を扱えるようになり、好きなギャンブルに金を使うようになったのです。使い込んだ金額もだんだん大きくなり、伝票や帳簿をごまかすなどして競輪に使ったりしていました。ギャンブルをやめたいと思ってもやめられず、生きがいのようになってしまったのです。社長や専務に信頼されるため、お中元やお歳暮を贈っていますが、みんな使い込んだものです」

「病気なら医師の治療を受ければよいが、ギャンブル依存症を治す場所がないから困ってしまいますね。ギャンブルから足を洗いたいと思ったら、それ以上に熱中できるものを見つけることですね。ギャンブルがもうかるかどうか、経験していればわかることではないですか。警察に捕まったり、刑務所にいけばできないが、ギャンブルという病は自分で治す以外にはないんです」

　長谷田さんの心にどれほど響いたかわからないが、このようにいわざるを得なかった。

　広報官から記者発表され、被疑者の氏名や年齢や犯罪の概要が伝えられ、翌日の新聞の地方版に載った。本人は気がつかないとしても、この記事を目にしたとき高校三年生の長女はどのように思うだろうか。犯罪は一個人の問題ではなく、関係者にも多大な打撃を与えたりする。

　使い込みの裏付けをとったが、関係者が多く書類も膨大なものであった。文書が偽造されたり預金を降ろして数字合わせなどしており、長谷田さんの説明があったとはいえ事実を明らかにするのは容易ではなかった。さまざまなやり繰りをしていたから整理に時間がかかったが、横領した金額が四千万円以上になっていた。課長さんがいっていたように競輪でもうけたときに穴埋めなどしていたため、実害は三千万円程度であることがわかった。

　多くのギャンブル依存症になった人の取り調べをしたが、大穴を当てた経験のある者が少なくない。もうかるともっともうけようとし、損をすると取り戻そうとするため、いつになってもやめることができないらしい。確実にもうけることができるのは主催者であるが、大穴を当てたいという夢が捨てきれない人もいた。花火の音（開催の報せ）を聞くと仕事が手につかない人もいたが、ギャンブル依存症になると理性でコントロールできなくなるのかもしれない。

社長さんは経営に熱心であったが、このような人物を信頼していたとあっては経営のセンスを疑われることになる。世の中には利潤の追求にうつつを抜かしている経営者がいるが、従業員の力量を見抜くのも大切なことである。監督を厳しくすれば防げたのではないかという声が聞かれたが、能力がなければ効果を期待することはできない。

③　使い込んだセールスの言い分

前科があるということは、有罪の判決を受けたという印である。まれにはえん罪ということもあれば、誤認逮捕ということもある。前科が多いほど悪質と取られがちであるが、罪を犯していても捕まらない者もいる。むかしは詐欺の先生といわれた男が、いまは中堅商社の社長さんである。どのような経歴があろうとも現在が大事であり、過去は問いたくなかった。社長さんは政界や財界にも付き合いがあって代議士の後援会の役員や役職についており、如才がないから世間の受けもよかった。

社長さんから提出された告訴状を見たとき、詐欺の先生といわれたことのある人物とわかった。きょうは署長さんは不在のようですねといい、いつもお世話になっているんですと、いんぎんなあいさつをした。革のカバンから大きなライターを取り出し、タバコに火をつけると机の上に置いたが、それには中原代議士後援会の大きな金文字が入っていた。告訴の理由を尋ねると、使い込まれたのはわずか二百万円ほどであり、警察の手をわずらわしたくなかったのですが、他の社員のみせしめのために告訴することにしたのですといった。

セールスはたくさんの菓子類を取り扱っており、取引先も多かったから任意提出してもらった帳簿や伝票もたくさんあった。商品の品種が多くて価格がまちまちであったが、いくら売り上げていくら使い込んだのかを明らかにしなくてはならない。手間のかかる作業をつづけ、ようやく百五十万円ほどの使い込みを裏づけることができた。容疑者は妻と別居していてギャンブルに凝っていることがわかったが、どうしても所在がわからない。逮捕状を得て追跡捜査をつづけると、マンションで情婦と暮らしていたので逮捕すると、すかさず社長さんの悪口を言い出した。

「まさか、社長がおれを告訴するとは思わなかったよ。金を使い込んだのだから捕まっても仕方ないが、警察ではどうして社長を捕まえないんだ。仕入れるといってトラックに一台の商品を届けさせ、注文と違うと難癖をつけて安値で引き取るようなことをしていたんだ。世間の人たちからはやり手だとか立派な人と見られているが、こんなやり方をして会社を大きくしていたんだよ」

被疑者は告訴された悔しさをにじませていたため、ストレートに聞くことはできなかった。

課長が、犯人が捕まった旨を社長さんに伝えると、すぐに捜査二課にやってきた。

「いろいろお世話になりました。これから署長さんにお礼をいうことにしますが、新聞に出さないようにしてください」

課長は承諾したが、広報官によって記者発表がなされた。翌日に新聞の地方版で取り上げられたため、社長さんから課長に抗議の電話がかかってくると、平謝りであった。社長さんが署長とどのような付き合いをしているかわからないが、速やかに捜査をすすめてもらいたい思惑があったのかもしれない。

社長さんは被疑者の父親と示談交渉を始めたが、告訴はそのための布石だったのかもしれない。あらましの捜査を終えたとき妻が面会にやってきたが、その手ににぎられていたのは離縁状であった。会社の金を使い込んだだけでなく、女がいたとあっては許すことはできず、別れたいからこの書類にサインしてくださいといった。被疑者は一言もなくしぶしぶとサインしたが、四年間の結婚生活の幕切れはあまりにもあっけないものであった。

④　信用組合の不正融資

新聞の地方版に、東部信用組合の不正融資の記事が載っていた。経営危機が表面化したために理事長らの役員全員が辞任し、新役員によって再建がすすめられているとあった。不正融資による焦げ付きは多額にのぼっており、役員個人の保証もあれば担保もとらずに政治家や公務員に貸し付けていたものもあった。融資の焦げ付きは犯罪にならないが、背任の疑いがあったので成り行きを見守っていた。

不正融資の形態はさまざまであるが、その最たるものは企業の体質にあるのかもしれない。政治家の恩恵に与《あずか》ろうとしたり、内部の不正を暴力団にかぎつけられて融資せざるを得なくなったりする。社会的な信用の失墜を恐れて隠したがるため、トラブルを大きくしたりする。県会議員が経営にかかわっていたり、大金を融資した会社が倒産するなどしたため経営が苦しくなっていた。信用組合の監督をしている県の商工労働部の幹部のあっせんにより、三千万円の融資した会社も焦げ付きになったといわれている。新しい体制になって大東株式会社への融資がストップになり、倒産するにおよんで問題がさらに大きくなった。

内部では処理しきれなくなり、背任の疑いで告訴があったため捜査することになった。

前の理事長さんは信組の創設者であり、二十年間もトップの地位にあり、新設された町の条例によって名誉町民になったばかりであった。金融機関にかぎらす公私のケジメが求められているが、権力を持った者によって乱用されるきらいがあった。前の理事長さんの信頼がもっとも厚かったのは前の営業本部長さんであり、やり手とか切れ者といわれていた。もてなしをしない組合員は冷遇され、お歳暮やお中元を届ける組合員は優遇されるなど、えこひいきがはっきりしていた。お得意先を招いては休日にゴルフをするなどし、社交じょうずであった。部内にあってもえこひいきが甚だしいため、評判はかんばしいものではなかった。

過去数年間にわたって組合に関係していた人から事情を聞くと、役員になると一億円以内なら無担保融資ができると役員会で決められていたという。政治家や公務員は信用できるとして担保なしに融資し、利息の弁済を強く求めていないこともわかった。前の理事長さんは融資よりも預金獲得に力を入れていたため、融資がずさんなものになっていたこともわかった。前の営業本部長さんは各支店長さんに預金獲得のためのノルマを課し、達成できないと左遷させるなどの人事をしていた。

経営不振に陥った会社に倒産を防ぐために追加融資をし、リベートを受け取っている疑いを持たれていたが、社長さんが死亡していたため明らかにできない。ほかにも追加融資したのに倒産した会社があったが、手形を担保に取っていたから背任にあたるかどうかわからない。前の営業本部長さんの友人が経営している繊維会社には、担保もとらずに一億五千万円の追加融資していた。これも焦げ付きになっており、背任にあたるとして逮捕に踏み切って信用組合の本店や自宅の捜索をした。

前の営業本部長さんの広い敷地には、新築したばかりのコンクリートの二階建ての住居があった。入り口には青少年育成相談所の看板が掲げられており、数年前から競馬や競輪に凝っていたこともわかった。組合員以外にも貸し付けたり、政治家には担保をとらずに貸していたが、信用できる人だからとか、健全な会社と思っていたなどの弁明を繰り返すのみであった。この事件の背後にあったのはワンマンといわれていた元理事長さんの信頼があったため、ほしいままに融資をしていたことだった。倒産を防ぐために追加融資をするなどしていたため、不良債権がますますふくらんでいったこともわかった。

たとえ不正な融資であっても、受けていた者がきちんと返済していれば問題になることはない。経営の苦しい会社の倒産を防ぐために追加融資をすれば、返済が困難になることは明らかであった。それでも追加融資をしていたが、倒産を防ぐためだったという主張を繰り返すのみであった。そのために融資額はますますふくらみ、焦げ付きが多くなってにっちもさっちもいかなくなったのが真相のようだ。

さまざまな事実が明らかになって背任の疑いが強かったが、被疑者は一貫して否認していた。大まかで背任の疑いが濃厚であったが、背任を決定づける資料を見つけることができなかった。勾留期限が切れて処分保留となって釈放されると、強制捜査が行き過ぎだとの声も聞かれた。起訴することができなかったが、背任がなかったとは言い切れず、捜査のむずかしさを痛感させられた。

捜査は任意が原則になっているが、このような事件では強制捜査もやむを得ないのではないか。再建をはかっていた信用組合であったが、不可能な状態になってしまった。どのようないきさつかわからないが、他の信用組合に吸収合併されて長い歴史の幕を閉じた。この事件の捜査を通じて信用組合の内幕の一部がわかったが、これに似たような金融機関は少なくないのではないか。元理事長さんの権力があまりにも大きく、信頼の厚かった元営業本部長さんに反対することができず、この体質が裏目になっていたことがはっきりした。

九　選挙

①　ある町の議会議員選挙

選挙には大金がかかるといわれているが、当選してもつぎの選挙でも必要とする。資金が潤沢であればともかくも、資金集めのためにさまざまな工作をすることになる。選挙民が金を使う候補者を選ばなくなれば、候補者だって金を使えなくなる。だれも住みよい社会にすることを望んでいるが、現状はお寒いかぎりであった。

町議会議員の選挙は、町民にとってもっとも身近なものである。ある町の選挙が告示されて立候補の届け出が締め切られ、政党の公認候補は一人だけで他はすべて集落推薦の無所属であった。告示前の選挙運動はできないことになっているが、このときにはすでに終わったといわれていた。町議選での当選ラインが二百票前後とされており、一票の差で当落が決まることがある。戸別訪問や買収は欠かせないものとなっていたが、これは公職選挙法によって禁止されている。買収をした者もされた者も罪に問われるため、ひそかにおこなわれていて検挙されることはめったにない。

被選挙権があればだれでも立候補できるが、目に見えないさまざまな制約があった。実績があっても集落の推薦を得られるとはかぎらず、名乗り出たために推薦されないこともある。輪番制になっていたり、立候補者がいないと長老によって決められるなどしていた。もっとも固いのが親類の票であり、つぎが集落の票といわれていたが、同窓生や職場の関係などが複雑に絡み合っていた。大きな集落の推薦を受けた候補者がもっとも有利であり、国政選挙で数百票も得ていた共産党も町議選では苦杯をなめていた。

刑事は現金や酒が配られたとの情報を得ることができても、容易に裏づけをとることができない。町民にとって刑事はよその人であり、捜査に協力すれば村八分になりかねないことを知っている。聞き込みをつづけていると、頼みにこないから票を入れなかったという有権者の声を聞いた。現金や酒を受け取れば味方であり、拒否すれば敵と色分けされていることもわかった。だんだんと選挙運動の実態がわかってきたが、どのようにしても裏づけをとることができない。そのため、近隣の市町村の酒屋さんを訪ね、だれにどのくらいの酒やビールを売ったか明らかにしていった。

トップ当選したのは四百四十票を得た新人の荒木さんであり、副議長の経験のある安田さんも三百票以上を得て当選した。ともに大きな集落の推薦を受けており、当選は間違いないといわれていた。隣町の酒屋さんから大量の酒やビールを購入していたことが明らかになり、任意同行を求めて事情を聴取した。

能勢警部補が荒木さんの取り調べをし、美山部長刑事が安田さんの取り調べをした。荒木さんは岡村町の半田酒店からビールを購入したことがわかっていたが、そのことを尋ねると返事をしぶっていた。買ったか買わなかったか、どうして答えることができないんですかと追及すると、ようやく買ったことを認めた。ところが、どのように使ったのですか尋ねるとまたもやだまってしまった。

「話したくないことはわかっているが、いつまでもだまっていたのではほんとうのことがわからないよ」

いろいろ説得するとようやく重い口を開き、有権者に配ったことを認めた。有権者から事情を聴いたが、配られたことを認めようとしない。すでに荒木さんが供述している旨を告げるとしぶしぶ認めた。このようにして買収の事実を明らかにすることができたため、通常逮捕して取り調べをつづけた。

「票を読むという話を聞いたことがありますが、どのようにして読むのですか」

「有権者の名簿を手に入れ、それに○や△や×の印をつけていくのです。○印は確実に票が得られる人ですし、絶対に票にならない人には×の印をつけていたのです。はっきりしない人には△印にし、この票をとるために酒やビールを配ったりするのです。集落や親類の票の大半は固いため○印となり、このようにするためおおよその票がわかるのです」

「どうして町議会議員の選挙に立候補し、当選は間違いないといわれていたのに酒やビールを配ったのですか」

「青年団長をしたり代議士の秘書をしたこともありました。町議選でたくさんの票をとり、やがて県議会議員から代議士になることを目指していたのです。選挙で酒やビールを配ることは悪いことだとわかっていましたが、どうしてもトップ当選したかったのです」

安田さんの供述も似たようなものであり、選挙は自由投票が原則になっていたが契約投票みたいな側面があった。立候補者の思いはさまざまであったが、多くの選挙民は集落の推薦候補や親類の立候補者に投票していたことがわかった。町をよくするための選挙であったが、集落のため、個人のための戦いみたいであった。ある町の議会議員選挙では二人の当選議員と三人の運動員が逮捕され、五十六人が任意の取り調べを受けた。初めて検挙された有権者が多く、前科にならないか気にしていた者もいた。今後の選挙にどのように影響するかわからないが、一石を投じたことになる。

女性の有権者にはエプロンが配られたとの情報があったが、どうしても裏づけがとれなかった。町の酒屋さんから酒やビールを購入した候補者もいたと思われたが、こちらは捜査の協力を得ることができなかった。すべてを明らかにすることはできなかったが、いたるところにギブアンドテイクの姿勢が見られた。これはある町の議会議員選挙であったが、これがいずれの選挙でも原型をなしているような気がしてならなかった。

② 過疎村の宿命の村長選挙

公職選挙法はザル法ともいわれているが、議員に都合がよいように決められるからかもしれない。選挙のやり方になると保守と革新の違いもあれば、国や地方の選挙によっても異なっている。どのような選挙にあっても得票の多寡によって当落が決められるため、票を得るためにさまざまな工作がなされている。告示や公示の前の選挙運動は禁止されているが、選挙運動まがいのこととなると取り締まるのがむずかしい。

これはある村の村長選挙であるが、任期満了にともなっておこなわれることになった。前回と同じく白根村長と春名元助役の一騎打ちとなり，今回も接戦が予想されていた。村会議員も二派に分かれていたが、現村長派が多数を占めていたため有利とみられていた。告示前から中傷合戦や手土産や日常生活品が贈られるなどしていたが、選挙の大きな争点になっていたのは過疎の村をどのように立て直すかということだった。多くの有権者は冷めた見方をしており、農業で生計を立てている人は、どんなにうまい話をしても若者はどんどん都会へいってしまうとなげいていた。

春名候補は、村の借金は十五億円にもなっており、このまま村長にまかせることはできず、財政再建のために働くから応援してくださいと訴えていた。これに対して白根村長は、道路事情もよくなったし、念願だった小学校を新築することができたといって実績を誇っていた。口で立派なことをいうのは簡単だが、実行がともなわないと絵に描いた餅にひとしくなりかねない。表では舌戦が展開されていたが、裏では戸別訪問や買収などで票の奪い合いとなっていた。僅差で春名元助役の当選となったが、村民の関心が強かったからいつものように投票率は高かった。

村長の選挙事務長と元助役を応援した村議が逮捕となると、村民の間からは何人逮捕されるだろうかという声が聞かれた。出納責任者も呼び出されて取り調べられたが、容疑が固まらないために逮捕を免れた。似たようなことをしていた者が多かったらしく、びくびくしていた者が多数いたという。一罰百戒をねらっていたため、取り締まりはしり切れトンボのようになった。

町役場で白根村長と任期を一年残した助役と話し合い、助役は引退をほのめかしていた。それを聞きつけた村議会議長が、新村長も村長も工場誘致を公約にしており、引退を思いとどまるよう慰留するという一幕もあった。新村長に反対した者が冷遇されるということは多くの者が知っており、そのことを憂慮している者も少なくなかった。

新村長は初登庁の日に職員に対し、十三票の差であっても村民の負託を受けたものであり、村民や職員と一致団結して新しい村づくりをしたいと訓示した。逮捕された村議は辞表を提出したため新村長派の村議が少なくなると、さまざまな有利の条件をつけて反対派の村議の取り込みをはかった。信条を持たない村議は、うまい汁にありつこうとしてつきつぎにくら替えしたため、ついに多数を占めて安定勢力になった。

昨年は村議会が始まる前、村政についていけないとして副議長が辞任すると三人が同調した。そのために審議拒否した議員が八人となったため、議会が空転したことがあった。勢力争いのためにさまざまな面で支障をきたし、これに便乗して村長の不信任案を提出する動きがあった。これは多くの賛同者を得ることができなかったが、反目はいつまでもつづいた。

温泉で開かれた農業委員のOB総会には、前の村長も参加して現村長があいさつをした。選挙戦のしこりがいまだ残っているが、みんなで話し合えば仲良くできるのではないかといった。前の村長も反対することができずに賛同したが、それは表向きのものであった。村の行政はいつも村長派と反村長派の闘争の場になっており、報復が繰り返されていた。

村には三十歳を過ぎても結婚できない若者が多く、農業の後継者も見当たらなくなっていた。ますます過疎化していったため、農業用地有効利用相談センターを開設して農業の活性化を求めることにした。農地の取得には農地法の制約があったり、多額の借金をともなったりした。センターの紹介で公務員を辞めて就農した者もいたが、応募した者は三人に過ぎなかった。その人たちも赤字がつづいただけでなく、子どもの教育に悩むようになってみんな村を去っていった。

理想を掲げることはだれにもできるが、それを実行するのは容易ではない。口では一致団結を叫ぶことができるが、長く反目しあっている同士を結びつけるのは簡単なことではない。村を立て直したいと思っている村民は多く、中立的な第三者の村長を望む声があるものの、そのような人物は村には見当たらない。闘争に明け暮れしていることに慣れてしまっているためか、多くの村民がさほど深刻には考えていないようだった。過疎の村を立て直したいと思っている村民は多いが、実現がむずかしいのが現状のようだった。

③　後援会活動の名の選挙違反

農山村にいくと、だれがだれの後援会員になっているかわかるといわれている。新年会や演劇鑑賞に参加するなどし、親密ぶりがアピールされている。冠婚葬祭にはお祝いの品が届けられたり、弔電が打たれたりしている。入学や就職の相談が持ち込まれたりするが、後援会員であればむげに断ることができない。役員に対してはお中元やお歳暮などを贈るなどし、ふだんの努力に報いたりしている。これらは選挙運動にならないが、選挙と密接に結びついている。

後援会は株式会社に似たところがあり、会員になるとさまざまな恩恵に与ることができる。後援会活動や政治活動は選挙運動と異なっているが、線を引くのがむずかしい。後援会を隠れみのにして選挙運動まがいのことがおこなわれているため、取り締まるのがむずかしい。後援会員が多くなればなるほど選挙に有利になるが、より多くの費用がかかることになる。政界にあっては現職が引退すると子息や秘書が立候補するケースが少なくないが、後援会を維持する方が何かと選挙に有利であるからである。

参議院議員選挙は予定通りにおこなわれるが、衆議院になるといつ解散になるかわからない。国会議員をつづけようと思えば、つぎの選挙にそなえなければならない。選挙運動は公示か告示がなされた後でないとできないため、政治活動を怠たることができない。議員の定数はかぎられており、政党の公認が受けられなければ無所属で立つほかはない。応援する組織がなければ自ら後援会をつくらなければならないが、そのためには時間と費用がかかるため簡単なことではない。

選挙が実施されることがわかると、街頭にポスターが張り出されたり、新聞の拡張に名を借りた宣伝カーが走り回ったりする。ポスターに立候補予定者の名前や写真が載せられ、街頭演説の名目になっている。新聞拡張の宣伝車は○○新聞に××候補者の抱負が載っているといい、立候補予定者の名前を連呼している。これらは選挙運動に似ているが、違反にならないため取り締まることができない。

新人の候補は政党の公認を得ることができず、現職をまねて青年部、婦人部、農村部、商工部の組織づくりをした。事務長には地元のベテランの記者を配し、元の警察署長を参謀にあてて各界の要職にある者を役員にするなどした。青年部長になったのは県の青年団長のOBであり、着々と準備をすすめていった。会員になった者には立候補を予定していた社長さんの名入りのボールペンやタオルなどを配った。

いよいよ選挙に突入して激しい戦いが始まり、中傷が飛び交うようになった。こんなとき、後援会名義の供応がおこなわれたとの匿名の電話があった。事実の解明に乗りだしたが、証拠隠滅されるおそれがあったから公然と聞き込みをすることができない。ようやく事実をつかむことができたが、名目は婦人会の集まりであったがほとんどが後援会員であった。会費として五百円が徴収されて会議が開かれると、料理が出されておみやげまで配られた。その費用は合わせて二五百円ほどであったが、違反になるかどうかわからない。選挙違反取締本部に問い合わせると、判例によって違反であることがわかった。

新人の候補は落選となったが、主催した青年部長と婦人部の責任者の任意出頭を求めて取り調べをした。後援会活動だから選挙違反にはならないと主張し、弁護士さんも違反にならないといって早期の釈放を求めてきた。否認のまま逮捕して身柄を検察庁に送ると検事さんが勾留請求をし、裁判官から十日間の勾留状が発せられた。供応を受けた婦人会員も全員が選挙違反で取り調べられたが、違反になると思っていた会員はいなかった。警察で取り調べられたのは初めての経験であったため、だれもが大きなショックを受けていた。責任者の取り調べは連日のようにつづけられたが否認の壁を破ることはできず、勾留期限が切れる前に起訴されて公判で争われることになった。

集落の大勢の婦人が取り調べられたため、だれが警察に知らせたかというせんさくが始まった。やり玉にあがったのが労組の幹部の妻であり、村八分のようにされたため警察に相談にやってきた。法務局に訴えるのが筋ではないかと思ったが、どのように取り扱うのがベストか考え、さまざまな事例をあげてアドバイスをした。いろいろ話し合って婦人の判断にまかせることにしたところ、いろいろとありがとうございましたといって帰っていった。

④　私設秘書と選挙ブローカー

前回の県議会議員選挙では、無投票になりそうな情勢であったが、告示の直前に名乗り出た者がいた。八議席を九人で争うことになったが、公認候補が優勢であったから低調なものになっていた。ところが今回の県議選では、八議席を十二人で争う激しい選挙戦となった。無投票になると選挙ブローカーの活躍の余地はなくなるが、激戦は選挙ブローカーが望むところであった。

選挙の主役は有権者といわれているが、無党派層や無関心層が増えて政治離れが起きている。民主主義の危機が叫ばれるようになったため市民運動が展開されるようになったが、こちらも大きなうねりにならなかった。四年に一度の選挙のたびに有権者は投票するか棄権するか、だれに投票するか選択を迫られる。魅力のある候補者が少ないためか、だれが当選しても代わり映えがしないためか、投票率は低下の傾向にある。選挙管理委員会ではやきもきしてさまざまな手だてをしているが、回復するめどが立っていない。

今回の選挙の大きな争点となっていたのが、大型店舗の郊外の進出に反対か賛成かであった。市街地の多くの候補者は反対し、郊外の候補者には賛成する者が多かった。国会議員や市議の動向も大いに気になるところであり、さまざまなことに配慮しなくてはならなかった。老人の福祉を訴える者はいても少年問題を取り上げる候補者がいないのは、有権者を対象にしているからかもしれない。

選挙ブローカーといわれている人はさまざまであり、会社の社長さんがいたり、私設秘書や詐欺まがいのことをしているブローカーもいた。今回の選挙では選挙ブローカーと私設秘書と暴力団員の三人が逮捕されたが、きっかけとなったのは暴力団員が仲間に話したことだった。暴力団担当の刑事の耳に入ったので内偵をすすめたところ、暴力団員が私設秘書に投票を頼まれて現金一万円を受け取っていたことがわかった。

投票日の翌日、私設秘書の立花さんと暴力団員の川西さんの任意同行を求めて事情を聴取した。川西さんは立花さんから県議会議員の選挙に立候補している秋山候補に投票するように頼まれ、一万円を受け取ったことをすなおに認めた。否認していた立花さんであったが、川西さんがすべて話したことがわかるとしぶしぶ認めた。二人を逮捕することができたため、引き続いて取り調べをした。

「逮捕されたため、富田代議士の私設秘書をやめることにしたのです。失業していたとき友人に誘われて選挙運動の手伝いをし、それが縁で代議士の手伝いをするようになったのです。決まった仕事がなかったものだから代議士の自宅の庭の手入れをしたり、奥さんに頼まれて買い物などしていたのです。月に十万円の手当をもらうことができたが、それでは四人家族の生活ができなかったのです。辞めたいと事務所の責任者に話すと、めんどうをみてやるといわれたのです。事務所の仕事を手伝うようになると増額されてなんとか生活できるようになったのです。仕事に慣れてくると、後援会員のところをめぐって資金を集めるなどするようになったのです。事務所の責任者に手渡すと、その中から一部を生活費として渡されるようになったのです。事務所には進学や就職のあっせんの依頼がありますが、代議士の名刺を紹介状にして十万円を受け取っているのを見たことがありました。選挙の仕事を手伝っているうちに選挙ブローカーの清水さんと親しくなり、連れられて市議会議員の応援をしたことがありました。金を出さなくなると他の候補にくら替えしており、ブローカーの仕事がわかるようになったのです。清水さんの話によると政治家には格付けがあり、国会議員は五百万円、市長村長や県議になると百万円、議会の議員は三十万円で選挙民になると千円から一万円と聞かされていました。今回は清水さんから二十万円を渡され、中学校の同級生の川西くんに一万円を渡して秋山候補への投票を頼んだのです。そのほかは生活費として使ってしまいましたが、事務所にしても選挙ブローカーにしても金銭にルーズなところがありました」

選挙ブローカーの清水さんの内偵をするため、長谷川県議の事務所で働いている先輩を訪ねた。気を許したためかさまざまな話を聞くことができ、富田代議士の秘書がご年始といって百万円を持ってきたが県議は断ったといっていた。受け取れば富田代議士の配下に属さなければならず、自由な活動がしたかったのではないかともいった。保守系のほとんどの県議は代議士の系統に色分けされていたが、どのようにして区分けがされているか実態の一部を知ることができた。

立花さんがすべてしゃべったため、清水さんを逮捕して取り調べた。二十万円を渡した事実を否定していたが、さまざまな資料を突き付けて追及するとしぶしぶ認めた。すべてポケットマネーだと言い続けていたが、選挙ブローカーの清水さんの話を信用することはできなかった。すべてを話せば選挙ブローカーが失格になるだけでなく、上層部にも波及することになる。どんなに追及しても主張を変えることがなかったのは、このような背景があったものと思われた。

立花さんの話により、詐欺師や暴力団員との交友があったこともはっきりした。これらの人たちは立花さんから政界の状況を聞き、それを仕事に役立てようとしたらしかった。これらの人たちとの関係についてすべてを話したため、持ちつ持たれつの関係にあることがわかった。私設秘書と暴力団員の取り調べたことにより、選挙の裏側の一部分を知ることができた。

十　汚職

①　小学校建設をめぐる贈収賄

贈収賄は贈った者も贈られた者も罰せられるため、ひそかにおこなわれている。お歳暮などは社会的な儀礼の範囲とされているが、これとてワイロかどうかわかりにくいものがあった。現金を受け取っても職務権限がないと、贈収賄に問われることはない。捜査は物証にとぼしく、容疑があっても裏づけを取ることができないために歯がゆい思いをさせられたりする。

山崎小学校の木造校舎は老朽化しており、危険な校舎に指定された。町長さんを委員長として町議や校長やＰＴＡ会長などで小学校建設委員会が発足し、調査費を計上して計画などを作成した。地元の代議士を通じて関係する官庁に働きかけるなど、さまざまな根回しがなされ、いよいよ着工の準備に取りかかった。

町議会の総務委員会で設計業者を選定することにしたが、地元の田中設計に請け負わせる空気が強かった。ふだんから田中設計と反りの合わなかった太田議員は、いままで学校の設計をしたことはないと主張して反対した。このことを他の委員から耳にした田中設計の田中社長は、太田議員の賛同を得るため五十万円を奥さんに手渡した。翌日、知人を通じて返されてしまったため、ふたたび営業課長をともなって訪れ、これは町議選に使ってくださいといって茶封筒に入った五十万円を手渡した。太田議員は断ることができず、使うこともできず預かったままになっていた。

このような情報を得ることができたが、どのように捜査しても事実をつかむことができない。同業者なら事実を知っているかもしれないと思い、能勢警部補は親しくしていた設計業者を訪れた。

太田議員が田中設計からワイロを受け取っているとの話を聞いたのですが、それに間違いはないですかと尋ねた。知っていると思われたが、具体的に話そうとしなかった。警察の捜査に協力したことがわかれば、業界から締め出されることがわかっていたため、あえて聞くことはしなかった。それでもいろいろの話を聞き、事実に間違いないと思われた。うわさが事実のように思えたが、どうしても裏づけを取ることができないため捜査の検討がなされた。太田議員から聞く以外の方法を見つけることができなかったが、これは一種の賭けみたいなものであった。

能勢警部補は署長に命ぜられ、美山部長刑事と出かけた。どのように話したらよいか考えながら玄関をまたぎ、警察手帳を示して身分を明らかにした。間をおかずに、田中設計から五十万円を受け取っているという話を聞いたのですが、そのことに間違いありませんかと尋ねた。返事に戸惑っており、事実に間違いないと思いながらどのような態度に出るか見守った。奥の座敷にいって茶封筒を持ってきたが、それには陣中見舞と書かれてあった。調べると一万円札が五十枚入っていたが、ワイロであるか陣中見舞であるかわからない。いつまでも自宅で話を聴いていることもできず、本署で事情聴取をつづけるとぽつりぽつりと話し始めた。

「一か月も前のことですが、わたしの留守に田中社長が五十万円を女房に手渡したのです。総務委員会で反対していたことを知ったらしく、賛成してもらいたいとの趣旨であると思われたのです。そのような金は受け取ることができず、知人を通じて返したところ、二日後に営業課長をともなって見えたのです。陣中見舞だからといわれて断り切れず、預かってしまったのです。選挙が近づいていたがそのような金を使うことはできず、預かったままになっていたわけです」

五十万円がワイロの疑いがあり、太田議員にも職務権限があることがわかった。田中社長と営業課長の任意同行を求めて取り調べをすると、陣中見舞として贈ったと主張していた。

「この町の選挙の陣中見舞は町長でも最高が十万円であり、町会議員選挙になると二万円から五万円が相場であることもわかっているんです。いったんは返されると陣中見舞として五十万円を贈っていますが、そのわけを説明してくれませんか」

「小学校の設計を請け負いたかったが、太田議員が反対していることを聞かされたのです。賛成してもらおうと思って五十万円を持っていったが返され、陣中見舞にしたら受け取ってもらうことができたのです」

社長さんはこのようにいってワイロであったことを認め、営業課長さんもその趣旨を承知していたことがわかった。二人を逮捕して取り調べをし、鉄格子のある狭い房に入れられたときは大きなショックだったらしい。

広報官によって贈収賄の事件が記者発表されたが、捜査に支障をきたすことは差し控えられた。贈収賄事件の検挙は珍しいためか、新聞の地方版では大きく取り上げられた。秋の社員旅行が予定されていたが、社長さんが逮捕になったため急きょ取りやめとなり、会社の前途を心配する社員もいた。

家宅捜索が実施されて多数の資料を押収し、帳簿や伝票や会議録などでいろいろのことがわかった。飲食店や料理屋などの領収書がたくさんあったが、ワイロに結びつくようなものは見当たらない。二人を取り調べているうちに矛盾のあることがわかり、資料と照らし合わせて専務さんが共謀していることが明らかになったので逮捕した。交通安全協会の役員をしていたため、親しい警察の幹部もいた。さげすんでいたどろぼうの被疑者と一緒の房に入れられ、罪の深さを知ったらしかった。常務さんも役員会に参加していたが、発言していないとの理由で任意の取り調べとなった。

押収した資料により、さまざまな事実が明らかになった。飲食店や料理店の領収書がたくさんあったが、だれと飲食していたか明らかにすることはできなかった。県議会議員の海外旅行に三十万円が贈られていたが、どのような関係にあるのかわからない。四つの町村長さんにはお歳暮として商品券や高価な絵画が贈られていたり、市の建設課長さんには冷蔵庫が贈られていた。政治献金として百万円が町長さんに贈られていたが、これは設計を請け負うための布石のように思われた。ワイロの容疑があったりしたが、社長さんが全面的に否定していたため事実を明らかにできなかった。

贈収賄の捜査が一段落したため、家族との面会が許された。営業課長さんの妻が面会にやってきたが、立ち会いの刑事がいたから本音で話し合うことはできなかった。面会を終えると、警察は怖いところと思っていたが主人の話を聞いてホッとしましたといった。

能勢警部補は部下から相談を受けたが、それはあす土曜日の午後に友人の結婚式に参加する予定になっていたが、課長に取りやめるようにいわれたことだった。課長に理由を尋ねると、本部から応援にきているからまずいといった。それは課長の指示か署長の命令ですかと重ねて尋ねると、本部の人にわからないようにいってもらうことにするかといった。

贈収賄事件の捜査を通じてさまざまなことを知ったが、他の市町村でも似たようなことがおこなわれているかもしれない。明らかになれば身分にもかかわりかねず、逮捕されても否認を貫く者が多い。物証が少ないために供述に待つことが多いが、供述にも少なからずウソがあるため真偽を明らかにするのは簡単なことではない。

②　談合と入札の裏話

大前町の町長さんが、ワイロを受け取っているらしいとの話を聞き込んだ。それは図書館を建てるというものであったが、小山建設と密接な関係にあった。小山建設の社長さんは大前町の出身であり、町の公共事業の多くを請け負ってきていた。今回も図書館の建設を請け負いたいと思っていたし、町長さんも小山建設に請け負わせたいと思っていた。だが、談合と思われたくなかったので露骨な工作ができず、競争入札にしたかった。

建設業界に縄張りがあるわけではないが、地元の公共工事は地元の業者に請け負わせる習わしがあった。地元の事業が取れないと信用を失うことになりかねず、業界では地元の業者に請け負わせることを優先していた。町長さんはさまざまな方策を考え、小山建設の社長さんに役場にきてもらって打ち合わせをした。二人だけであったから率直に話し合うことができたが、すべて秘せられていた。

「町民に疑われないために一般競争にしたいと思うんだが、よい知恵があったら聞かせてくれないか」

町長さんがこのように発言すると、社長さんが答えた。

「多くの町民は一般競争入札がよいと思っているようだが、これにはいくつも問題点があるんだよ。だれでも入札に参加できるようになると、もっとも安値で入札した業者が落札することになるんだよ。資金力が充分にあって技術がともなっていればいいんだが、未完成のまま投げ出されたとき困ることになるんだよ。そのために過去の実績をよく調べ、健全な業者だけを町で選んで指名し、それらの業者に競争入札させるのがもっとも無難なやり方だと思うんだ」

建設について知識の乏しかった町長さんは、その意見を受け入れることにして数社を選ぶことにした。さまざまな実績によって選ぶことにしたが、これだってコネがからんでいたから簡単ではない。地元の県会議員の意向を考慮したり、町長さんの選挙の応援をしてくれた建設業者も考えなければならなかった。指名を受けるために数社から資格審査申請書が提出されたが、その中に小山建設の名もあった。係員が最低限の条件を満たしているかどうかチェックしたが、これとて適正であったかどうか疑わしかった。表向きは適正のように見られており、パスした業者が有資格者とされ指名競争入札に参加することができた。

町から指名の通知を受けた業者には、設計図と仕様書を渡されて入札の一週間前に開かれた現地説明会に参加した。それにもとづいて入札価格の積算をすることになったが、現地説明会に集まったのは五社であった。書類を見て説明を聞き、建設材料費や労務費や下請けなどの費用を総合的に勘案して入札価格とされた。決め方は各社がまちまちであり、ひそかに価格が決めるとそれぞれ街の料亭に向かった。飲食をともにして談笑するなどしたが、それは習わしのようなものになっていた。

入札価格には最低制限価格が設けられていたが、それはダンピングの入札を防ぐためであった。慈善事業でないかぎり採算を度外視することはできず、完全な工事を望むからであった。どの業者も大きな関心事になっていたのは入札価格であったが、それを知っていたのは小山建設の相談役の清瀬さんだけであった。

入札日に関係者が役場の会議室に集まり、あらかじめ用意してきた入札価格を封緘《ふうかん》された封筒に入れて係員に手渡した。どの業者の入札価格も異なっていたが、なぜか小山建設を除いてすべてが予定価格を上回っていた。小山建設が落札したため町と小山建設の間で契約書が取り交わされ、お互いに署名や押印をして交互に公布した。工事が着工されると町では進行状況を調べるなどしたが、これは形式的なものであった。町長選挙では小山建設の応援を受けており、町と小山建設が持ちつ持たれつの関係にあったから談合みたいなものであった。形式は指名競争入札になっていたため、談合に気がついた町民はいなかったようだ。

このようなことは外部に漏れることはめったにないが、親しくなった設計業者からさまざまな話を聞くことができた。まとまっているように見える建設業界にあっても、不平分子がいるからうわさが刑事の耳に入ることもある。ところが捜査に協力したことがわかると業界から締め出されるため、決め手になる話を聞くことができない。

③　お歳暮か、ワイロか

贈収賄の捜査はむずかしく、贈った金品がワイロであるかどうか明らかにしなくてはならない。検挙になると新聞やテレビなどで取り上げるが、捜査はいたって地味である。事実を知っている者はごくかぎられており、その者から情報を得ることはできない。聞き込みに当たっても関係者に漏れないようにしなくてはならず、創意と工夫が必要である。

公務員にもいろいろのタイプがあり、どのような誘惑にも負けないような強い意志の持ち主もいるかと思うと、出世欲や金銭欲の強い者もおり、国民のためというより、上司におべっかを使うなどして出世を考えている者もいる。金銭欲が強い者が許認可の権限を持つようになると、まれにはワイロを要求する者がいたりする。

ワイロを贈られる者には切れ者とかベテランが多いが、この者に贈る方が効果的であるからである。有能であるから上司の信頼も厚くなり、経験のとぼしい上司にあっては部下の不正を容易に見抜くことができない。業者は許可を得たり、公共工事を受注するためさまざまな工作をして公務員に近づこうとする。公務員の家族構成や趣味などを調べ、子息へ入学祝いを贈ったり、お中元やお歳暮を贈るなどの工作をする。酒の好きな公務員が出入りしている飲食店がわかると、偶然に出会ったように振る舞って酒席をともにする業者もいる。割り勘ではなく費用を全額持つようになると、それが腐れ縁の始まりになったりする。

二つの村が合併して大村町になると、一方から町長さんが出ると他方から助役さんが出るという不文律になっていた。議会を牛耳っているのは三人のベテラン議員といわれており、町長さんも一目置く存在になっていた。ベテラン議員に反対されたら何もできなくなるとなげく業者もおり、そのために町議に働きかける者もいた。町の貯水池の建設をめぐり、三人のベテラン議員が建設業者から百万円のワイロを受け取った疑いがあった。銀行に振り込まれていたため事実がわかり、三人を逮捕して町役場などを捜索してたくさん資料を押収した。取り調べにより贈収賄の事実が明らかになり、起訴されたために捜査が一段落した。

押収した資料を検討した結果、さまざまことがわかった。大田原水道は町の水道工事を一手に引き受けており、随意契約をしていることがわかった。内偵すると、建設課長の外村さんがお歳暮名義で三十万円を受け取っていた疑いが濃厚になった。呼び出して取り調べると、お歳暮として三十万円を受け取ったことを認めた。ワイロになるかどうかわからなかったため、建設課長と大田原水道との関係などについて尋ねた。

「建設省（現在の国土交通省）の出張所に勤務していたとき、転勤が多いので地元で働きたくなったのです。大村町で水道の技術者を求めていることを知り、父親が県議に頼んで建設課の係長として採用されたのです。五年後に課長になると多くの建設業者に接するようになり、接待されるようになったのです。大田原水道の社長さんから長男の入学祝が贈られ、年末に大田原水道の役員の葉山さんから三十万円のお歳暮が手渡されたのです。受け取れないと断ったところ、前の課長さんにも随意契約してもらっていたので差し上げており、気にしないで受け取ってくださいといわれたのです。大田原水道の社長さんは町長とも懇意にしていたし、課員の旅行のとき飲み物などをいただいていたので断り切れなかったのです」

つぎに葉山さんを呼び出して事情を聴いた。お歳暮として三十万円を贈ったことは認めたが、社交的なものだと主張した。外村さんと葉山さんとの供述に食い違いがあったが、いろいろの資料により外村さんの供述に間違いないと思われた。二人を贈収賄の疑いで逮捕して取り調べをしたが、いつになっても食い違いを埋めることができない。葉山さんの人柄を知るために世間話などすると、ゴルフの経歴が長いことがわかった。取り調べのときは主導権をにぎることができたが、ゴルフの話では聞き役に回らざる得なかった。

「葉山さんの話を聞いて不思議に思ったのは、ゴルフには審判がいないことです。ほとんどのスポーツに審判がいますが、だれがどのようにして勝負を決めるのですか」

「ゴルフはもっとも少ないストロークで回ったプレーヤーが勝つというゲームなんです。他のスポーツと異なっているのはプレーヤー自身が採点することであり、そのために良心的なスポーツといわれているのです」

それでも疑問があったため、そのようなことをすればごまかす人もいるのではないですかと尋ねた。すると、ごまかすような人はゴルファーにはなれないし、失格することになるのですといった。

「葉山さんはお歳暮として三十万円を贈ったといっていますが、外村さんはワイロだったと思ったといっているんです。葉山さんの話と外村さんの話が食い違っていますが、わたしにはどちらの話がほんとうかわからないんです。外村さんにはウソをいう理由は見当たらないが、葉山さんの話には矛盾がみられるのです。葉山さんがどのように弁解しようと自由だけど、過去の事実を変えることはできないんです。葉山さんが罪になるかならないかではなく、どれが真実であるかそれをはっきりさせたいだけなんです。ウソをついて他人をだますことはできても自分をあざむくことはできないし、ゴルファーは正直であって欲しいものですね」

このように追及するとだまってしまい、弁護士さんと相談したいから呼んでくれないかと言い出した。接見室でどのようなことが話し合われたか知ることはできないが、接見を終えると重い口を開いた。

「わたしの父親は村長をしたこともあり、名門の家柄といわれていたのです。家名を汚したくなかったので否認してきたのですが、ウソを言い続けるのも心苦しかったのです。弁護士さんに相談すると、それは葉山さんが決めることですよといわれたので覚悟したのです。三十万円は随意契約にしてもらっていたお礼でしたが、お歳暮の名義にすればワイロにならないと思ったのです。外村さんは初めは受け取りをしぶっていたが、前の建設課長さんにも贈ってきたというと受け取ったのです」

取り調べに困難をきたしていたが、ささやかなゴルフの知識が役立って葉山さんの口を開かせることができた。これから葉山さんがどのように生きるかわからないが、心機一転して新たな歩みをしてもらいたいと思った。

④　手抜き工事のからくり

新聞やテレビなどで手抜き工事のニュースを耳にすることはある。おおざっぱなことはわかっても、実態はわからない。市道の陥没によって交通事故が発生したが、人身の被害がなかったから簡単に処理されていた。当直勤務のとき交通課員からこの話を聞かされ、贈収賄がないか内偵することにした。工事を請け負ったのは阿久津建設であり、工事をおこなったのが下請けの駒形組であった。工事がどのようになされたか知るため、責任者から道路の陥没について話を聞いた。交通事故が起きていたから隠すことができず、当たり障りのないような話をした。

「阿久津建設が請け負い、わたしのところで工事をすることになったのです。契約書では掘り起こした土砂は他の場所に捨て、新たな砂を入れることになっていたのです。契約書通りの工事をすすめていたのですが、採算がとれなくなることがわかったので一部ではあるが手抜きをせざるを得なくなったのです。掘り起こした土砂をそのまま元のところに埋めたため、材料と輸送費を浮かして労賃もはぶくことができたのです」

「そのようなことをしていれば、検査が通らないのじゃないですか」

「工事の検査があるときには、親会社の阿久津建設から話があるのです。検査の日時や場所が知らされたため、その箇所は契約書の通り念入りに工事をしたのです。親会社の係員が市役所の係の人と一緒に見え、図面と照らし合わせたり写真を撮るなどして確認していきました。契約書通りの工事をしていたため、不備を指摘されるようなことはありません」

ようやくこのような話を聞くことができたが、多くを語ろうとしなかった。手抜き工事の一部を知ることができたが、阿久津建設と市役所の関係が気になった。内偵をつづけると市役所のＯＢが阿久津建設の役員になっていたり、同窓生に設計会社の技師がいることもわかった。建設業界の談合や手抜きの一部を知ることができたが、設計業界に手抜きがあるかどうか知りたくなり、顔見知りの設計業者を訪ねた。

「道路の手抜き工事について調べてきたのですが、設計には手抜きはないのですか」

「わたしのところは公共工事をしたことはないが、同業者から話を聞いているからある程度はわかっています。小さな設計業者もありますし、技術者を何人も抱えている大きな会社もあるのです。大きな会社ではどのような工事でも手がけることができますが、中小企業になるとかぎられてしまうのです。設計業者も建設業界と同じように競争入札がたてまえになっていますが、設計の場合は多くが随意契約になっているのではないですか。どのような施設をつくるかは施工主が検討して決めますが、市役所では設計の技術者がいるとはかぎりません。そのために設計業者の意見を取り入れて検討するため、市役所の係員と設計業者との結びつきができるのです。このようにして予算に応じた設計図がつくられるため、競争入札がやりにくくなって随意契約になるようです」

「すると、設計業者は市役所の意向を組み入れて設計図をつくることとなるわけですか」

「それが基本になるわけですが、設計図がつくられる前に地質調査がおこなわれるのです。地上市役所には地質に詳しい者がいないため、すべて地質業者にまかせてしまうようです。地上の物件なら目で見て確かめることができますが、地下のことになると、どのようになっているかわからないことが多いのです。調査がなされた結果は口頭や書面で報告されますが、それが正しいかどうか調べることができないのです。その盲点がつかれて手抜きがされるようですが、トラブルにならないかぎり発覚しないのです。設計業者もたくさんの資料を持っており、それらの一部を利用したり下請けに出したりするのです」

「建設業界に見積りが漏れるという話を聞いたことがありますが、そのようなことがあるのですか」

「そのようなことができないようになっていますが、施工主と設計業者は密接な関係にあるのです。設計業者と建設業者も密接な関係にあり、お互いが利潤を求めていることに変わりないわけです。それぞれの職場に同窓生がいたり、個人的にも親しい関係にあったりする者がいるのです。建設業者は設計業者に見積り価格を教えてもらうため、お歳暮などを届けたりしますし、建設会社には天下り役員もいますし、ストレートではないとしても見積りが漏れたりするようです」

親しくしていた設計業者からは、いままで知ることができなかった裏話を聞くことができた。一つの公共事業が始まると受注するためにさまざまな工作がなされ、有力な政治家のコネを利用して発注者に働きかけていたりした。積算価格を知るために設計業者に接触し、受註を容易にしている建設業者がいるという。表向きは競争入札になっていても、さまざまな要素がからんで談合になっていたり、一部であるかもしれないが、建設業界や設計業界にさまざまな手抜きのあることがわかった。官界と業界とが持ちつ持たれつの関係にあるため、ワイロを贈らなくても同様の効果があるのではないか。このような図式は一地方の公共工事だけでなく、ほかでも似たことがおこなわれているのではないかと思ってしまった。

⑤ フィクサーが介在した議長選挙

議長選挙をめぐり、数人の市議に現金がばらまかれたとの情報を入手した。このようなうわさは以前にもあったが、事実をはっきりさせることができなかった。火の気のないところに煙は立たないといわれており、極秘裏に内偵をつづけた。議長は二年で交代するのが慣例になっていたが、新顔の市議が多く当選したため市議会の顔ぶれが大きく変わった。このために慣例がくつがえされ、新たな動きが見られるようになった。

いままでは、過半数の議員を擁する第一クラブから議長が選出されていた。議長になるためさまざまな工作がおこなわれていたが、これはクラブ内のことであったから問題になることはなかった。くじ引きやベテラン議員の裁定によって議長候補を決めることもあったが、今回は様変わりした。議長や副議長を経験していない二人の議員が有力視されており、非公式の投票では鹿間氏が僅差で選ばれた。そのまますんなり決まると思われたが、新人議員に根回しをしていたとのうわさが流れると、仲間割れするという事態になった。妥協案として浮上したのが、二人を前半と後半に分かれるというものであった。ここで問題になったのが、前半と後半のどちらが有利かということであった。二人とも前半を希望したため折り合いがつかず、こじれたものを元に戻すのは容易ではなかった。

以前から第一クラブの議長候補を選ぶとき、裏取引があったといわれていた。議員にとって議長になることは勲章を得たようなものであり、地元に幅を効かせることができるだけでなく多くの役職につくことができた。議長を目指す議員が第一クラブに所属するようになったため、長いこと過半数割れをしたことはなかった。初めて分裂を招いてしまい、ベテラン議員の説得も功を奏さず修復が不可能な状態になってしまった。

この年には十人の議員が引退して新人が多く当選したが、ほとんど地区の跡継ぎみたいなものであった。それでも議会に新風が吹き込まれたため、今回のような事態になったことがわかった。第一クラブで推薦されても議長になれるという保証はなくなったため、議長になるために暗躍する議員が出るようになった。もっとも有望視されていたのが、市議を三期経験していた白田議員であり、祖父も父親も県議を経験していたから毛並みがよいとされていた。本人も市議をステップに県議になることを心がけており、議長になる野心を捨てることができず、多数の議員の票を得るために根回しをした。

ローカル新聞の編集者の金井さんは、市議会を根城にしてさまざまな情報を得ていた。悪評を立てられないために金井さんに迎合する議員もおり、地方紙をまとめ買いする議員さえいた。ローカル新聞は企業や議員などの不正を暴く傾向にあったため、市民には強い関心を寄せる者もいた。資金の乏しいローカル新聞の資金源は販売力にあったが、四苦八苦しているのが現状であった。それでも議員から一目置かれる存在になっており、フィクサーのような役割をするようになったのも不思議ではない。金井さんが編集していた月刊誌は、市内に一千部ほど出回っているといわれていた。タブロイド判で地域の文化や経済などに触れることもあったが、暴露的な記事もあったから関係者の関心も大きなものになっていた。

議長のポストを得るために議員を買収するという事件は、過去にあったかもしれないが検挙されたことはなかった。贈収賄の容疑で逮捕されたのは、白田議員と友利議員と猿谷議員とローカル新聞の編集者の四人であった。議長選挙に名乗りを上げていた白田議員は、編集者の仲介を得て二人の議員に現金十万円を渡していた。贈収賄事件が発覚すると一般の新聞が大きく報道すると市民の関心も高まり、市長のコメントも載せられた。だが、第一クラブの議員の応援を得て当選していたため、批判はしたものの微妙なものになっていた。痛烈に批判する政党や個人もあったが、どれもそれぞれの立場によって発言していたから形式的なものになっていた。

芋づる式に三人の議員が逮捕されたため、出直し選挙を求める声が出るようになった。大きくならなかったのは、自分たちが選んだ議員だという後ろめいた気持ちがあったからかもしれない。いままでは年功序列でうまくやってきており、白田議員もつぎを待てばよかったのだという先輩の議員もいた。急いで議長のポストを得ようとしたため待つことができず、政治家失脚という道を歩むようになったのかもしれない。白田議員のほかにも議長になりたいために根回しをしていた議員もいたらしかったが、証拠が得られないために逮捕を免れていた。めったに検挙されることがない議長選挙であったが、第一クラブの内紛によって発覚した。逮捕された議員がどのような処分を受けるかわからないが、身から出たサビといわざるを得ない。

十一　暴力団

①　交通事故にからんだ恐喝

アウトローといわれている暴力団は、人の弱味をにぎっては金づるにしている。賭博もやれば覚せい剤も取り扱い、風俗飲食店から警備料の名目で金を巻き上げたりしている。弱味をにぎられると、弁護士や政治家や警察官だって餌食にされたりする。刑事は暴力団の情報を収集しているが、暴力団も捜査状況を知ろうとしている。刑事は暴力団員を逮捕したり取り調べるため、顔見知りの関係になるが一線を越えてはならない。暴力団とかかわりを恐れているために、聞き込みをしても捜査に協力する者はいたって少ない。

暴力団員が保険金をだまし取っているとの情報を得たため、内偵することにした。暴力団のことを知っていると思える宇佐見さんに尋ねたが、何か知っているといると思われたが語ろうとしない。顔見知りの保険会社のセールスを訪ね、交通事故を起こして保険金を受け取った者の有無を調べると多数いた。複数回起こしている者にしぼると数が少なく、その中に暴力団員の剣持源一さんがいた。事故の申告は一つもなされず、電柱に衝突したり、ガケから落ちたというものであった。

車両の所有者はすべて富永自動車になっていたため、社長さんから事情を聞くことにした。暴力団を恐れていたらしかったが、説得してようやく話を聞くことができた。

「三か月前のことですが、剣持さんが自動車の修理に見えたので代わりの車を貸したのです。その車が事故を起こしたので代金を請求したところ、保険金が入ったら支払うといわれたのです。ポンコツ車があったら貸してくれないかといわれたので断ると、入れ墨をちらつかせ、営業ができなくしてやるぞと脅され、貸さざるを得なかったのです。ふたたび事故を起こしてポンコツ車を貸してくれといわれ、貸し渋っていると、おまえも保険金詐欺の仲間に入ったんだと脅されて貸さざるを得なかったのです」

ポンコツの安い車に多額の保険をかけ、セールスも脅されて正規な査定もできずに多額の保険金を支払っていた。恐喝と詐欺の疑いが濃厚になり、通常逮捕して取り調べをした。

「逮捕されたんじゃじたばたしても仕方がないや。だましたり脅したりしたことは間違いないよ。おれは詐欺師とも付き合いがあるし、仲間には保険に詳しいやつもいるんだ。保険会社の弱味をにぎっていたため、いいかげんな査定をしてもらったんだ。生活費も必要だったし、住宅ローンの支払いや上納金に充てたりしていたんだ」

あっさりと認めたのは、否認していても起訴されるのは間違いないと思ったかららしい。剣持さんは冒険が好きであり、スタントマンのまねをしていたこともわかった。難航すると思われていたが、剣持さんが自供したために恐喝と詐欺事件を解決することができた。

交通事故を装った詐欺事件は少なくないが、事故の形態はさまざまである。目撃者がなくて双方の話に食い違いがあると、原因の究明に困難をきたすことになる。以前、当たり屋という交通事故があり、警察官もだまされて運転手さんが業務上過失傷害の罪に問われて罰金の処分を受けたことがあった。何回も似たような事故の被害にあっており、不審を抱かれてついに詐欺で逮捕されてしまった。

暴力団員が考えついたのは当たり屋ではなく、当たられるという新たな手口であった。傷害と恐喝の前科があった男であり、酒酔い運転で交通事故を起こし運転免許が取り消されていた。タクシーに乗ってあちこち走らせ、急に方向変更させたり急ブレーキをかけさせるなどして追突事故を起こさせた。追突した運転手さんがタクシーの運転手さんに謝ると、後部座席に乗っていた暴力団員は、少し首が痛むと言い出して示談に持ち込んでいた。

「おれは軽傷で済んでいるし、警察に申告して罰金をとられたり行政処分を受けるより、ここで示談にする方がいいのじゃないですか」

このようにいわれて示談にさせられ、慰謝料などの名目で現金をだまし取っていた。帰りの車内でタクシーの運転手さんは、お前も詐欺の共犯になったんだと脅されて、何回も暴力団員を乗せざるを得なくなった。何度も追突事故を起こさせており、示談に応じないと入れ墨を見せて脅しては示談に持ち込んでいた。

うまい汁が吸えると回数も多くなり、示談金もつり上げられていった。追突事故を起こした若い公務員は現場では示談に応じたが、請求された金額が百万円になっていたため支払うことができない。やむなく警察に事故の申告をし、交通課員が事情を聞いて暴力団員がからんでいることがわかった。捜査二課に知らせてきたため、若い公務員から話を聞いた。

「前を走っていたタクシーが急にとまったため、急ブレーキをかけたが間に合わずに追突してしまったのです。タクシーの運転手に謝ると乗っていたお客さんが、首が痛むと言い出したのです。警察に届け出て罰金を取られたり、行政処分になるよりここでは示談にした方がいいんじゃないかといわれたのです。警察に届け出ようとしたが、示談にすることを承知したのです。その後、百万円を要求されたので断ると入れ墨をちらつかせて脅され、警察に届けるほかないと思ったのです」

つぎにタクシーの運転手さんから事情を聞いた。

「暴力団員ということを知らずに乗せると、そこを右に回れとか、急にブレーキをかけさせられたりしたのです。示談の話がまとまって帰るとき、暴力団員であることを知らされ、だれにも話すなと脅されたのです。その男を乗せたくなかったのですが、断ることができずに何度も乗せてしまったのです。示談の交渉をしたのは暴力団員であり、わたしは料金と車の修理代をもらっただけでした。若い公務員に追突されてその場で示談になりましたが、その後のことはわかりません」

タクシーの運転手さんがこのように話したため、運転日誌を調べた。この暴力団員を乗せたとき四回の追突事故にあっており、事実が明らかになったため任意同行を求めて取り調べをした。

「被害の届け出をされたんじゃ認めるほかはないや。タクシーに乗って急ブレーキをかけさせたり、急に方向を変えさせるなどして追突事故を起こさせていたんだ。むち打ち症になったとウソをいって示談金をつり上げたり、示談に応じようとしないと脅したりしたよ。一人で暮らしているのもあきてきたし、また、刑務所にいくことにするよ」

罪を犯すことに慣れていたのか、罪悪感もなくなっていたようだ。刑務所に入れられるのも苦にならなくなると、処罰されることを恐れなくなる。このような男をどのようにして更生させることができるか考えたが、うまい手だてが見つからない。刑務所で死にたくなかったら、まじめに生きるようにするんですねといったが、この男には通じそうもなかった。

② 幻覚男の被害妄想

白い粉の恐怖といわれているが、覚せい剤は後を絶つことがない。多くの人の心と体をむしばんでいるため、取り締まりが強化されている。覚せい剤は中枢神経を刺激する効果があり、注射することによって陶酔感や快感を味わうことができるといわれている。効果が失われるとうっとうしくなり、ふたたび陶酔感や快感を味わいたくなり、覚せい剤に頼ることになる。高価で手に入れにくいため、資金を得るために盗みをする者もいる。

覚せい剤はほとんどが密輸されているが、さまざまなルートや方法がある。カバンを二重底にしたり、おみやげ物の中に隠したり、旅行客に頼んだりする。密輸船を利用したりコンテナに隠すなどするため、大量の覚せい剤が密輸されたりする。仕入から末端の価格まで大きな開きがあるのは、それぞれの段階で危険負担があるからである。暴力団がいつも純粋な覚せい剤を取り扱っているとはかぎらず、増量に見せかけるためぶどう糖が使われたりするという。

このクスリを注射すれば疲れがとれますよとか、いらいらが解消しますよと呼びかけられたりする。たとえ覚せい剤であることを知らなくても、興味本位で打ったりする者もいる。覚せい剤は持ったり使用したりすると罪になり、一度でも打つと暴力団に難癖をつけられ、やめようとしても脅されてやめることができなくなる。暴力団にとって覚せい剤は資金源であり、そのためにより多くの覚せい剤を売り付けている。

覚せい剤に興味を示す人が多いためか、芸能界や公務員や主婦や青少年などをむしばみ大きな社会問題になっている。どんなにまじめな人間であっても、覚せい剤の中毒にかかってしまうと理性が失われてしまう。家族や知人の見分けもできなくなり、凶暴性を帯びるようになったり、被害妄想や幻影におびえるようになったりする。どんなに意志が強い人でも覚せい剤の虜になってしまうと脳が作用しなくなり、自らコントロールすることができずに廃人同様になりかねない。

当直勤務をしていたとき、真夜中に農家の主人から一一〇番通報があった。

「玄関の戸をたたき、怒鳴る声で目を覚ましたのです。おれは人を殺してきた、こんどは殺されてしまうとわめいていた男の人の声がしたのです。気味が悪くて表に出ることができず、戸のすき間からのぞき見していると若い男のようでした。なんらかの犯罪にかかわっていると思って電話したのです」

警ら中のパトカーが現場に急行し、本署からも刑事が出かけて付近を探したが見つからない。あちこち探して草むらに隠れていたのを見つけて職務質問したが、制服の警察官を見ても殺されるとわめいていた。警察官だといってもわからないらしく、殺されるを連発していた。覚せい剤の中毒者と思われたので本署に連行したが、いつになっても殺されるとわめいていた。腕をまくるとたくさんの注射の跡があり、ようやく身元がわかったので犯罪歴の照会をすると覚せい剤の常習者とわかった。

クスリが切れて苦しがっていたが、警察ではどうすることもできない。覚せい剤を使用していると思われたが、それだけの理由で逮捕することはできない。尿を出すように説得したが功をなさなかったが、顔見知りの刑事に諭されて尿を提出した。覚せい剤を使用したのが明らかになって逮捕して取り調べをしたが、入手先についてはまったく語ろうとしない。

引き続いて取り調べをしたが、通りがかりの知らない人から買ったというばかりであり、それがウソと思えても明らかにできる資料は何一つない。覚せい剤の中毒者であっても拘束されている間は打つことはできず、クスリが切れれば正気に戻ることができるかもしれないが、釈放されたとき持続できるかどうか、それは本人の意思にかかわることであった。

③　縄張り争いの殺人

縄張りや権力争いは、世の中のいたるところで起きている。家庭内や組織内や政党間や国と国との争いもあり、それぞれが異なっている。話し合いや金銭によって解決することもあるが、ときには力によってねじ伏せられたりもする。法廷に持ち込まれることもあるが、すべて円満に解決されるとはかぎらず、火種が残ったままということがある。

地図上で国境線を引くのは簡単であるが、だれがどのようにして決めるのだろうか。紛争を防ぐために軍備を拡張すれば、戦争の危機はますます増大することになる。家庭内のトラブルにしても、我慢の限界に達すると思いがけない事態になったりする。政党間の争いも切磋琢磨であればよいが、足の引っ張り合いみたいになったりする。

国民から忌み嫌われている暴力団がいつまでも存在できるのは、資金源があるからである。暴力団の幹部の中には、おれたちは警察で取り締まることができない悪を退治しているんだと豪語している者もいた。暴力団に弱味をにぎられると、政治家や弁護士や警察官だって餌食にされかねない。土建業の騒音にいやがらせをしたり、金融界の不正にかこつけるなど知能暴力化の傾向にある。競馬や競輪などのノミ行為をやったり、風俗営業者から警備料の名目で金品を脅し取ったりもする。覚せい剤を有力な資金源にするなど、あくどい資金集めをしている。

警察が民事に介入することができないため、暴力団は民事にかこつけた犯罪を起こすようになった。どんなに悪質の行為であっても法に触れていなかったり、立証できなければ検挙することはできない。たとえ法に触れる行為であっても証人を脅して偽証させるなどし、巧みに法網をくぐり抜けている。殺人や恐喝などの事件が発生しても罰せられるのは実行為者のみであり、上層部におよぶことはほとんどない。暴力団担当の刑事は暴力団の情報を取ることを心がけているし、暴力団でも捜査情報を欲しがっているため微妙な関係が生まれたりする。そのために癒着が生まれることもあるが、どのようなことがあっても警察官は一線を越えてはならない。

債権の回収をめぐって暴力団同士のトラブルになり、報復の連鎖がつづいていた。一人の暴力団員が射殺されたため、殺人で逮捕したが、これで解決されることはなかった。縄張りをめぐる抗争事件になったため、大勢の警察官が動員されて徹夜の警戒に当たった。大きな抗争事件に発展しなかったのは、多額の和解金を支払って解決されたからだといわれている。

東町の大学生から、アパートのハイツ前で血を流している人がいますとの一一〇番通報があった。パトカーが現場に到着したときにはすでに死亡しており、全署員が非常召集されて捜査に従事した。殺されたのはハイツに住むリース会社の営業マンであり、帰宅したときに待ち伏せをしていた男に背後から刺されたことがわかった。

ゲーム機のリースをめぐるトラブルがあり、暴力団が介在している情報があったため茂田組を中心に捜査をすすめた。集中捜査された茂田組では身動きができず、うちの若い者がやったかもしれないとの電話があった。二人の若者が幹部に連れられて出頭してきたが、身代わりということも考えられたため慎重に取り調べをした。現場の状況とも一致したため殺人の容疑で通常逮捕して取り調べをしたが、ゴミ箱に捨てたとされるアイクチは発見されない。二人の供述に矛盾がみられたので追及すると、話しにくいことがあるらしくだまってしまった。

なおも茂田組について捜査をつづけると、幹部の村井さんが出頭してきたので事情を聴いた。

「ゲーム機の販売やリースをめぐってトラブルになり、警備料を拒否されてしまったんだ。賭博事件では警察に告げ口をされて組員が逮捕されたこともあり、前から目の上のたんこぶになっていたんだ。組のメンツにかかわることであったため、おれが子分に命じて殺させたんだよ」

このように供述したため逮捕して取り調べたが、いまだ凶器は発見されないし、真実の話をしているとは思えなかった。

「凶器をどこに捨てたのかまだわからないし、この事件は村井さんの一人の判断でやったとも思えないんだよ。もっと詳しく話してくれないとほんとうのことがわからないんだ」

「おれの一存でやったことであり、組も親分もまったく関係がないよ」

「暴力団のことはわかっているが、あのヤツは生意気だと親分がいっただけで子分が殺したという事件があったよ。子分は殺人の罪に問われたが、共犯の疑いがあっても親分を逮捕することができなかったよ。どうしても村井さんの一存でやったとは思えないんだよ」

「警察では親分を捕まえたいのかもしれないが、おれが子分に命じて殺させたんだ。どうしても親分を捕まえたいんなら、警察で証拠を見つけて逮捕すればいいじゃないか」

二人の子分が殺人で起訴されると、追って村井さんも殺人の共犯として起訴された。暴力団の捜査をしてわかったのは、目で見ることができない掟があることだった。親分は大きな権限を持っており、それに逆らうと、どんなひどい目にあうことになるか組員は知っていた。縄張りは大切な資金源になっており、それを守ることは組の存亡にもかかわるほど重大なことであった。だれがどのようにして縄張りを決めるのかわからないが、争いはいたるところで起きている。お互いに縄張りを主張すれば紛争になるのも無理からぬことであり、暴力に訴えて解決する以外の方法を見つけることができなくなるのかもしれない。これとて報復という連鎖になりかねず、いつまでつづくかわからない。

④　美人局の恐怖

美人局と書いて「つつもたせ」と読む。国語辞典によると、夫ある女が夫と示し合わせたうえで、他の男と通じ、それを言いがかりとして夫がその男を脅し、金銭を巻き上げるゆすりとある。キャバレーやバーの営業はさまざまであるが、一般の客にはどの店が良心的であるかわかりにくい。ホステスもさまざまであるが、カモになりそうな客を見分けるのがうまい者もいる。

酒を飲むだけであれば無難であるが、酔ってしまうとなんでもしゃべってしまう者もいる。客が積極的にアタックしなくても甘い言葉でささやかれると、その気になってしまう者もいる。暴力団幹部の情婦になっているホステスは、美人局の被害にかかりそうな客を探すだけでなく、客から得た情報を流したりしている。酔いが回ってくると冷静さを失って予期しない方向に向かい、肉体関係を結んでから暴力団幹部の情婦とわかったのでは手遅れである。

美人局の被害にかかって大金を脅し取られても、妻に知られるのを恐れて警察に届け出られず泣き寝入りしたりする。競輪の選手が暴力団幹部に大金を脅し取られたとの情報を入手して内偵をつづけたが、どのようにしても事実をつかむことができない。捜査をつづけたが、暴力団とかかわりたくない人が多いため聞き込みも思うようにならない。

脅されていたのが関口選手に間違いないと思われたため、話を聞くことにした。バーにいったこともなければ、暴力団に脅されたこともないといったが、どうしても信用することができなかった。競輪や競馬に詳しい荒川さんなら知っているかもしれないと思って訪ね、ゴルフやプロ野球の話をするなどし、タイミングを見計らって美人局について尋ねた。ホステスのすみれさんが暴力団幹部の加世田さんの情婦になっており、競輪選手が被害にかかっているうわさを聞いたことがあるといった。

加世田さんの身辺捜査をつづけたところ、子分が開店したばかりの飲食店でいやがらせをしているとの情報を得た。事実を確かめるために経営者に尋ねたが、ヤクザにいやがらせをされたことはないといった。毎月二万円の警備料を支払っていることについて尋ねると、そのようなこともないといった。さまざまな説得を試みると、ようやく警備料を支払ったことは認めたが、いやがらせをされたことについては認めようとしない。

暴力団の手口がわかっていたため、新規に開店した店や暴力団がかかわっていると思える店を訪ねた。捜査に協力してくれる店が見つかったので被害書類を作成し、三人の組員の内偵をした。新規に開店した店にいっていやがらせをしていた容疑が濃厚になり、任意同行を求めて取り調べをした。

「入れ墨をちらつかせていつまでも飲んでいたため、客が寄りつかなくなったんだ。営業を妨害しただけでなく、代金を請求されると難癖をつけて支払いを拒否していることもわかっているんだ。トラブルを防いでやるといって月に二万円を脅し取っているが、脅していないというんなら説明してくれないか」

このように追求すると反論することができず、三人ともしぶしぶ恐喝の事実を認めたので逮捕した。余罪の捜査となると、兄貴分の加世田さんが美人局にかかわっている疑いが濃厚になってきた。

　事実を明らかにするため、被害者と思える高山社長さんを訪ねて話を聞くことにした。

「三人の暴力団員を逮捕して取り調べたところ、社長さんが美人局の被害にかかっていることがわかったのです。言いにくいことかもしれませんが、そのようなことがありましたか」

「警察ですべて調べてあるようですし、ほんとうのことを話すことにします。ホステスのすみれさんに誘われてラブホテルに泊まったため、加世田という暴力団員に因縁をつけられ、三百万円を脅し取られたことがあります」

　社長さんがこのように供述したため、暴力団幹部の加世田さんの任意同行を求めて取り調べをした。

　高山社長さんを知っているかどうか尋ねると、知っているといった。どんな関係にあるんですか尋ねると、なぜかだまってしまった。どのように追及しても脅し取ったことは認めず、否認のまま逮捕して取り調べをした。裏づけを取るためにホステスのすみれさんの話を聞き、加世田さんの情婦になっていたことが明らかになった。

　否認していた加世田さんであったが、さまざまな事実を突き付けて追及すると恐喝したことを認めた。余罪の捜査となって競輪選手からも脅し取ったことを認めたため、改めて関口さんの話を聞くことにした。

「暴力団幹部の加世田さんを逮捕して取り調べたところ、関口さんから三百万円を脅し取ったことを認めているのです。それでも脅されたことはないと言い張ることができますか」

「友だちと一緒にバーにいったとき、ホステスのすみれさんを知ったのです。今度は一人できてくださいとささやかれ，一人で出かけていって一緒にウィスキーを飲んだりしたのです。何度かいっているうちに親しくなり、酔っぱらったとき、もたれかかってきてキスをされてしまい、誘われるままラブホテルにいったのです。その翌日のことですが、亭主と名乗る四十歳ぐらいのやくざ風の男が見え、腕の入れ墨をちらつかせながら、『どうしておれの女に手を出したんだ。この落とし前をどうしてくれるんだ』と脅されたのです。女房がお茶を持ってくると入れ墨を隠して丁寧な言葉遣いになり、『三百万円で手を打つ気はないかね』といわれたのです。そんな大金は出せないと断ると、『すみれの前ではかなり自慢していたというじゃないか。競輪の一級選手にとってははした金みたいなもんじゃないのかね。まさか警察にたれ込もうというじゃないだろうな。そんなことをすれば競輪ができないようにしてやるまでだ。ここでは話がつかないから今度の水曜日の午後一時に中央ホテルのロビーで待っているよ。そのときに三百万円を用意して来るんだな』と脅されて断ることができなかったのです。その日にホテルのロビーで三百万円の現金を手渡し、それでけりがつくものと思ってといると、『今度のレースに着外になるようにしろ』と要求されたのです。それはできないと断ると、『ここにいるのは二人だけだからばれることはないんだよ』といわれたが承知することができずにだまっていたのです。帰りがけに『おれのいう通りにしろ』と怒鳴られたのですが、そのときもだまっていました」

それが事実であるかどうかはっきりしなかったが、この日のレースの結果を調べると四着になっていた。関口選手は要求には応じなかったといっていたが、それを知っているのは本人のみであった。暴力団幹部の加世田さんがどのように受け止めたかわからないが、新たな要求はなかったという。一連の捜査によって暴力団の資金源の実態の一部を明らかにすることができただけでなく、暴力団幹部の情婦のホステスも重要な役割をしていたことがわかった。

十二　それぞれの人生模様

①　碓氷峠の山火事

山の中の集落で窃盗事件の捜査をしていたとき、けたたましいサイレンの音を聞いた。サイレンの鳴る方向に車を走らせると碓氷峠《うすい》に向かっており、火災現場が碓氷湖の付近とわかった。発生して間がないらしく勢いはさほどではなかったが、水がないために消火活動はままならない。サイレンを鳴らしながらつぎつぎに消防車がやってきたが、手がつけられない状態になっていた。ナタで木を折るなどして目の前の消火に努めていた者もいれば、様子を見るために山に登る者もいた。国道一八号は全面的に交通がストップしてしまい、交通整理の巡査も手持ちぶさたになった。

第一発見者は火災を駐在所に伝えたが、どこのだれかわからない。能勢警部補も現場に到着するのが早い方であったが、道路端から出火したと想像するだけであった。付近には発火原因となるものは見当たらず、原因の調査は鎮火後ということになりそうだ。いつまでも国道をストップさせているわけにいかず、道路上の危険がなくなったとき解除になったが、しばらく渋滞がつづいた。

山頂に達した火がどのようになっているか、道路からはわからない。消防団員の話によるとさらに奥の方に延びており、鎮火のめどは立たないという。自衛隊の応援を求めるかどうかが話し合われたが、もう少し様子を見てからということになった。

火は走るといわれているが、松の林に飛び火したかと思うと、またたく間に山頂に達していた。数十メールほどの幅でカラ松を焼き尽くしており、犠牲者が出なかったのが何よりであった。火災が発生したのは午後二時二十分ごろであり、夕刻になってようやく下火になった。山頂から戻ってきた消防団員の話によると、反対方向から吹いてきた風に勢いをさまたげられたという。自衛隊の応援を求めることなく、地元の消防団員と警察官が警戒にあたることになった。ときどきあちこちから火の手があがったが、大きくなることはなかった。

損害がどのくらいかわからなかったが、山林に明るい人の話によると一億円以上だという。二十年も三十年もかけて育てたカラ松が一瞬に燃えてしまっては、所有者には大きな痛手であった。原因はわからないが、だれかのちょっとした不注意でも大きな損害をもたらすことになる。

翌日、火災原因の調査をしたが、きのうと同じように晴天であった。最初に出火場所と思える付近の実況見分をしたが、日だまりのカーブの地点に立っていると汗ばむほどだった。付近のカーブの地点を念入りに調べると、紙くずや空き箱がたまっていた。だれが捨てたのかわからないが、まるでゴミ捨て場のようだった。風が吹き抜けない道路端はいたるところが同じような状態であり、タバコの吸い殻を完全に消さずに捨てたら発火することは充分に考えられた。

碓氷峠は一日に数千台の車両が通過するといわれている。自分の車を汚さないように気をつけている人でも、タバコの吸い殻をポイと捨てるかもしれない。タバコの吸い殻が火災の原因と決め付けることはできなくても、美観をそこねることは明らかである。焼失面積など調べたがどれほどの面積が焼き尽くされたか明らかにすることができない。概略を図示して報告することにしたが、火災の原因については通りがかりの車両から投げ捨てられたタバコの吸い殻と考えるほかなかった。

② 刑務所志願者

世の中には刑罰を恐れ、刑務所に入りたくないために罪を犯さない人もいる。窃盗や詐欺などの常習者になると、刑務所とシャバを往復しているような人もいる。職もなければ寝泊まりするにも困ってしまい、生きるために盗みをするか、だます以外の方法を見つけることができない。刑務所には長期服役の凶悪犯人もいれば、こそ泥もいるけれど刑期が満了になれば釈放される。

働く気のない中年の男が刑務所を出たが、わずかな所持金を使い果たしてしまった。生きるために無銭飲食をしなければならず、身だしなみを整えるために理髪店にいった。主人はお客さんと思ったからすぐに調髪を始めたが、初めての客なのでどちらの方ですかと聞いた。刑務所を出たばかりで金を持っていないんだといわれ、びっくりしてしまった。調髪を済ませると、今度はのどが乾いたからお茶をいれてくれないかといった。このようなことは初めてであり、代金の請求をあきらめて早く出てもらいたかった。脅迫的な言葉はなかったし、調髪代だけで警察に訴えることもできず泣き寝入りせざるを得なかった。

つぎにいったのが理髪店の前の飲食店であり、すぐに酒を注文した。うまそうに飲んだかと思うともう一本追加し、飲み終えると定食の注文であった。食べ終えるとごちそうさまといって店を出ようとしたため、まだ代金をいただいていないんですがといわれると、金なんか持っていないんだといった。

「それでは、初めから無銭飲食するつもりだったのですか」

「おれは一週間前に刑務所を出たばかりなんだ。金は持っていないから払うことはできないし、無銭飲食だから警察を呼べばいいじゃないか」

男に居直られてしまったが、二千円に満たない金額であったから警察に届けるのをためらってしまった。このまま放置すればさらに多くの被害者が出ると思われたため、勇気をふるって一一〇番した。

パトカーが出かけて男に尋ね、無銭飲食をしたことを確かめてから本署に連行した。

犯罪歴の有無を照会すると、詐欺の前科が四つもあった。いずれも無銭飲食であり、一週間前に刑務所を出ていることもわかった。刑務所を出てからの足取りを尋ねたが、何も語ろうとしない。どのような人物かわからないため、本籍地にいた兄に電話してどのような暮らしをしていたか尋ねた。十数年前に家を飛び出してから音信不通になったが、それ以前はまじめに働いており、どうしてぐれたのかまったくわからないという。

無銭飲食をしたことはすなおに認めたが、動機についてはまったく語ろうとしない。どうして家を飛び出して無銭飲食をするようになったのか、本人が語らないためにわからない。取り調べられることがおっくうらしかったが、新聞を読んだことも、テレビを見たこともないといった。過去のことは忘れているようだったし、すべての感情が失われているように表情に変化がなかった。このような犯人をいままでに取り扱ったことはなく、本人の性分なのか、刑務所の暮しがよいと思っているのかわからない。

取り調べを終えて検察庁に送られ、検事さんの取り調べを受けることになった。いくつも前科があったから釈放は期待することはできず、刑務所に収容されるようになるかもしれない。この男の生きがいはどこにあるのかまったくわからないが、留置場の食事をするときには笑顔が見えた。

③ 夜間の山岳遭難救助

新緑や紅葉の季節になると、たくさんのハイカーが妙義山にやってくる。それほど高い山ではないが、奇岩がそびえて断崖もあるため遭難や転落事故があったりする。目の前に妙義山を眺めることができたため、季節が移り変わっていくのもわかった。五月の連休であったが、日曜日は自宅待機になっていた。読書したりテレビを見たりして過ごしており、夕食をしようとしていたとき電話が鳴った。妙義山で若い男女が遭難したと知らせてきたため、山登りができる服装に着替えて本署に急いだ。

つぎつぎに呼び出された署員がやってきたが、登山の経験のある者はいたって少なかった。

谷川岳では山岳警備隊が組織されているが、救助のための設備もととのっていなかった。能勢警部補が責任者になって救助に当たることになり、リーダーが待っているという登山口にいって話を聞いた。

「わたしたちは東京の会社の登山愛好家ですが、妙義山に登ったのは初めてです。地図を頼りに裏妙義にいったのですが、道を間違えたために暗くなり、身動きができなくなってしまったのです。動き回っていると体力が消耗してしまうため、わたしが一人で登山口まで降りてきて救助を求めたのです」

若い男女のパーティーは八人とのことであったが、リーダーだって充分に登山の経験があるとは思えなかった。暗がりの中を手探りで下山したといい、救助のためにどのようなコースをとったらよいかはっきりしない。パーティーの服装は軽微なものだというし、リーダーも薄着であったから震えていた。登るとき能勢警部補はリーダーの足元まで照らさなければならず、気があせっても急ぐこともできない。初めは元気がよかった警察官も岩場に差しかかるとばてる者が出るようになり、下りるときのことを考えていくつかの地点を特定し連絡要員として待機させた。岩に登るときには両手を使わなくてはならず、お互いに足元を照らし合わせるなどした。ときどき大声で呼びかけたが、こだまする声が谷に響くだけであり、暗闇のため見えるのは星空だけであった。

コースを間違えた疑いが持たれたが、それを確かめることはできなかった。ふたたび呼び声をあげるとどこからか聞こえたが、それは谷の向こうであった。いったん引き返して呼び声をあげながら登ったが、それだって間違っていないという保証はなかった。だんだんとはっきり声が聞こえるようになり、今度は間違いなさそうだ。懐中電灯によって確認できるほど近づいたとき、涙を流している女性もいた。握り飯や水筒の水を与えるなどして小休止をしていたとき、能勢警部補は美しい星空を眺めたが、町で見る星空と変わりはないのに格別なものを感じた。月が地球の回りをめぐっているというが静止しているようだったし、山の生き物も眠っているように思えた。軍隊で教えられた星座が役に立ち、すぐに北斗七星やオリオン星座を見つけることができた。ゆっくり眺める時間的な余裕はなかったが、まぶたに強く燃きつけることができた。

山を下りるときは、遭難した人たちの足元まで照らさなければならなかった。懐中電灯が不足していたから下山がはかどらず、予想以上の時間がかかってしまった。最終の列車に間に合うかどうか気になったが急ぐこともできず、登山口に着くと輸送車が待っていた。最終列車に間に合うことがわかると、ホッとしたらしくおしゃべりをする者もいた。目の前に妙義山があっても自由に登ることはできなかったが、思いがけずに夜間の山登りを経験することができたし、美しい星空を眺めることができた。

④　家出した高校三年生

二学期が始まったとき、男子の高校三年生の母親が捜索願いにやってきた。「家出人捜索受理票」を作成するため、動機や身体特徴や服装など聞くことにした。

「息子は中学校の成績はトップクラスであったため、一流の大学に入れようと思ったのです。

遠いところにあったのですが、進学校に入学させることができたのです。優秀な生徒が集まっているらしく成績は年々落ちてしまい、三年生になったとき担任の先生から一流の大学は無理のようですねといわれたのです。そのために夫とともにハッパをかけたのですが、おとなしい息子であったから何もいわなかったのです。夏休みが終わっても学校へいかなくなったため、夫に強く叱られたのです。何もしゃべらなくなってしまいましたが、それから二日ほどで姿を見せなくなったのです。仲の良い友達に尋ねたりしたが心当たりはないといわれ、捜索願いを出すことにしたのです」

「人相や服装など聞かせてもらいたいし、写真があったら持ってきてもらいたいのです」

「身長は一・七メートルぐらいですし、左の頬に小さなホクロがあります。写真はすぐに届けることにします」

手がかりを得るために質問をしたが、家出をした高校生がどのような行動をとるか見当もつかない。家族は自殺しないか心配しているようだったが、犯罪に巻きこまれている疑いがなくては捜査することはできない。早く見つけてやりたいと思っても限界があり、事務的に処理するほかはなかった。

子どもの家出や自殺の原因が親にあることも少なくなく、勉強するようにハッパをかけたことと無関係ではなさそうだ。高校へ進学させてやりたいと思っても、家庭の事情であきらめざるを得なかったりする。非行や登校拒否などによって退学となることもあるが、学校や親の責任はないのだろうか。子どもが罪を犯すと親のしつけが悪いからだと非難する声が聞かれたりするが、子どもよりもっと悪い親がいることもある。少年の犯罪や非行は補導の対象になるが、親は罪を犯さないかぎり検挙されることはない。

一流の大学に入ったとしても、子どもがよろこぶとはかぎらない。実力がないと裏口入学を考えたりするが、人格形成にはマイナスになりかねない。偏差値が高ければよい大学に入れられるとし、多くの人が偏差値の虜のようになっている。子どもの進路をどのように決めるか、親にとっても子どもにとっても大切なことである。子どもが好きな道に進むのが理想だと思えても、親の見栄によってかなえられなかったりする。

家出人の届け出を受理したとき、そんなことを考えてしまったが、両親がどのように考えているかわからない。それから六か月ほどしたとき、息子が発見されたといって母親が警察に見えた。

「きのう、北海道のすし店の主人から電話があり、うちの店で働いているとの知らせがあったのです。夫に引き取りにいってもらうことにしたが、このようになっては一流大学の進学はあきらめるよりほかないようです」

母親はどれほど長男のことを考えているかわからないため、つい、持論を述べてしまった。

「一流の大学に入れるのも結構ですが、息子さんはそのことを苦にして家出したのではないですか。大学を出るか出ないかということより、どのように生きるかということが大切だと思うんです。息子さんは、他人のメシを食べて半年も働いていたんですよ。学校でも家でも学ぶことができなかった貴重な体験することができたし、これからの人生に役立つのではないですか」

教育についてては門外漢であったが、このように話してしまった。生活をしながら学んでいくことも大事なことだ思うのですというと、どのように受け取ったかわからないが、ありがとうございましたといった言葉に救われた。

⑤ 正月の水難事故

元日は休みであったが、二日は自宅待機となっていた。日本選手権のサッカーをテレビ観戦していたとき、非常召集された。利根川で遭難者が出たため本署に急ぐと、赤ら顔の警察官もやってきて輸送車で遭難現場に到着した。冷たい川風がジャンパーの上から肌を刺し、濡れた衣服を着て寒さに震えている若者がいた。釣り舟に乗って六人が助かったが、一人が行方不明だという。

「正月で東京から中学の同級生が帰ってきたため、七人で酒を飲んでむかし話に花を咲かせていたのです。利根川はみんなの遊び場になっていたため、釣り舟に乗って投網をしたいと言い出した者がいたのです。反対する者は一人もおらず、舟着き場にいくと釣り舟があったのです。定員は四名になっていましたが、無理をして七人が乗り込んだのです。流れのあるところで投網をすると、バランスを失って舟が大きく揺れ、クイに引っかかって転覆してしまったのです。六人はなんとかして岸に泳ぎ着くことができたが、東京から帰ってきた者だけが行方不明になってしまったのです」

消防団員と警察官によって捜索が始まったが、川辺には葦が生い茂っていた。川幅も広かったし、舟を出すこともできないため探すのに困難であった。行方不明になっている仲間の母親が見えると、どうしてうちの息子だけ死んでしまったんだといって泣き崩れていた。川面をじっと眺めている女性がいたり、だれもが悲しみに包まれており、助かった若者や母親に言葉をかけることができなかった。

正月やお盆には帰省客があり、仲間と会うのを楽しみにしている者も少なくない。ドライブをする者や宴会で大騒ぎしたり、はめをはずして他人に迷惑をかけてしまう者もいる。舟が転覆しても犠牲者が出なければ笑い話で済んでいたかもしれないが、助かった仲間も意気消沈していた。楽しみの場が悲劇の場になってしまい、若者の死の代償はあまりにも大きなものになってしまった。

酒を飲んで四人の定員のところに七人が乗ることは、無謀であることはわかっている。正気のときであったらこのようなことはしなくても、酒や雰囲気にのまれてしまったのかもしれない。だれかが危ないからやめようと言い出していたら、ことによると別の展開になったかもしれない。楽しさに水を差すのは勇気のいることであり、みんなと同じ行動をとっていれば仲間はずれにされることはない。危険のあることは仲間に誘われても、道連れにならないために断るのが賢明なことである。

正月に多くの消防団員や警察官が動員され、暗くなるまで男の行方を捜したが発見することができず、翌日も実施されることになった。若者がどのようになったかわからないが、だれも助けたいと思っていたし、際限まで捜索をつづけることになった。

⑥　真冬の連続放火事件

火災が発生すると建物が焼失するだけでなく、ときには人の死傷をもたらすこともある。まれには自然発火ということもあるが、ほとんどが失火か放火である。出火してすぐに消し止められると、出火の原因の究明が容易であるが、全焼となると出火場所の特定がむずかしくなるだけでなく、消火活動によって証拠が消滅したりする。火は走るといわれており、綿密に調べるとおおよその出火場所がわかってくる。

火の気のないところから出火していると、放火を疑うことになる。連続して発生すると社会不安になり、警察も総力をあげて捜査することになる。焼死体が発見されると殺人も視野に入れなくてはならないが、自ら放火して自殺することもある。消火に当たるべき消防団員が自ら放火し、真っ先に現場に駆けつけて消火に当たった連続放火もあった。放火の原因はさまざまであり、恨みによることもあればストレス発散ということもある。騒ぐのがおもしろいとなると連続しておこなわれる傾向があり、検挙になってピリオドが打たれたりする。

年末には特別の夜間警戒が実施されたためか、平穏に新年を迎えることができた。ところが、元日の夜に自動車のシートが燃えるという火災があった。すぐに消し止められて大事にはいたらなかったが、放火以外に考えることはできなかった。だれかのいたずらとして本格的な捜査はなされなかったが、一月五日に自動車のカバーが燃えるという火災があった。放火の疑いがもたれたために警戒が強化され、十一日になると会社員の物置の軒下のゴミが燃えたが、発見が早かったので一部を燃やしただけであった。一月十九日の午後八時十分ごろ、繁華街の一角にあったゴミ捨て場から発火し、住宅の一部を燃やすという火災が発生した。この家にはタバコを吸う人はいなかったし、多額の保険もかけておらず放火の疑いがもたれた。

警戒を強めていたが、つぎつぎに同様の事件が発生したため捜査本部が設置された。ほとんどが午後六時から八時ごろまでの間に発生し、発生場所は駅の周辺や繁華街を中心にした半径が二キロメートルほどであった。捜査員は、昼は聞き込みに当たって夜間は張り込みに従事して、休むことができなかった。目撃者によってアノラックを着た若い小柄の男の犯行の疑いが出てきたが、その者と断定できる資料はなかった。

一月二十二日の夜、駅から三キロほど離れたサラリーマンの木造家屋が全焼した。連続放火を視野に入れて実況見分をしたが、出火場所を特定することはできず、放火か失火か明らかにすることができなかった。連続放火と関係がないと思われたが、切り離すことはできなかった。

翌日は朝から雪が降り続いており、夜間になると数センチにも達していた。この日も夜警が実施されていたが、午後八時ごろ空き家が全焼するという火災が発生した。雪の上にくっきりと靴の足跡があり、警察犬も動員されて足跡を追ったが、交通量の多い市道に出ると迷ってしまった。採取した足跡によってS社製の防寒用サンダルとわかり、犯人はアノラックを着た防寒用サンダルを履いた男の容疑が濃厚になった。

アパートに住んでいる宮前さんが、防寒用のサンダルを履いていることがわかった。近くの公園からも同じ足跡を採取することができたが、昨年までは会社に勤めていたが辞めていたこともわかった。夜間の張り込みをつづけていると、知人の自転車を借りて夜間に外出することがしばしばあった。

宮前さんが外出中に市内の繁華街のゴミ収集容器が燃えたが、通行人によって消し止められた。火災があって十数分後に帰宅したが、このときも宮前さんは防寒用サンダルを履いていた。アパートの周辺から採取した足跡も雪の上から採取した足跡と合致し、宮前さんの容疑が濃厚になったので任意同行を求めて事情を聴取した。

「昨夜は午後七時二十分ごろ、自転車でアパートに戻っていることがわかったのです。アノラックを着て防寒用のサンダルを履いていましたが、どこにいってきたのですか」

「むしゃくしゃしていたため、映画館の近くのゴミ箱にライターで火をつけるとすっきりしたのです。正月に近所の人の自転車を借りて街に出かけたとき、晴れ着の子どもが楽しそうにしているのを見てうらやましくなったのです。バイクのカバーにライターで火をつけるとすっきりした気分になり、外出したときに火をつけるようになったのです。人が騒ぐとおもしろくなり、ゴミ箱などに火をつけたりしていましたが、住宅につけたのは一軒だけでした。雪の日に空き家であることを確かめており、人が住んでいる家には一度も火をつけていません」

この種の犯罪では否認するケースが多いが、宮前さんはあっさりと認めた。近所の子どもとしばしば遊んでおり、思っていることも口にできないおとなしい性格であった。子どもにバカにされても反抗することはできず、失業するとますますストレスがたまるようになっていった。初めはバイクのカバーの放火であったが、だんだんとエスカレートしていったことがわかった。このような事件は走り出すとストップがかけにくいらしく、検挙されるまでつづけられることが多い。宮前さんの自供によってすべてが解決したが、放火犯人のイメージを抱くことができないおとなしい性格であった。

⑦ 小説をまねた犯罪マニア

誘拐は窃盗の行為に似ているけれど、大きく異なるのは人を奪うことである。子どもがだまされて車に乗せられ、身の代金を要求される事件はしばしば見られることである。年齢が高いほど誘拐がむずかしくなるが、報復や利害がからんだりすることがある。そのまま帰してしまうと足がつきやすいため、殺されるケースが少なくない。

三月十五日の午前十時ごろ、中央建設の社長さんから電話があった。

「マツサキと名乗る男に妻が誘拐され、午後六時に神山喫茶店に二千万円を持ってくるようにいわれたのです。警察に知らせると殺すといわれており、内密に調べてもらいたいのです」

報道機関と協定が結ばれ、ベテランの刑事がセールスを装って被害者の自宅に出かけて逆探知ができる措置をとった。社長さんは一人で喫茶店に出かけていき、犯人がやってくるのを待った。若い刑事と私服の婦人警察官がペアとなり、客を装ってコーヒーを飲むなどした。外には通行人を装った刑事がいるなど、万全な警戒態勢が執られていた。約束の六時になってもマツサキと名乗る男は現れず、一時間延長したが何の変化もなく、見破られたかもしれないといういやな気持ちにさせられた。

マツサキと名乗る犯人が本名を名乗っているとも思われず、時間が過ぎても何の変化が見られない。被害者がどのような服装をしているか、どこに連れ去られたかまったく見当がつかない。だれもが望んでいたのは被害者の無事であることだが、だんだんと絶望に追いやられるようになった。だれもがいらいらした時間を過ごし、一昼夜が経過したとき犯人から被害者の自宅に連絡があった。奥さんは中前スーパーにいるよといったが、逆探知することができなかった。

捜査員が中前スーパーに急いだが、このストアは営業しておらず、無人のために店舗にも倉庫にもカギがかかっていなかった。美恵子さんと声をかけながら探すと、薄暗い倉庫の方で声がした。使われていないステンレスの冷凍室の中で両手と両足を縛られており、比較的元気であった。被害者を無事救出したとの一報が寄せられると、みんなが安堵の胸をなでおろした。

近くの病院で診察を受けたが、わずかに精神的なショックは見られるが、ほかに異常はないという。警察署において誘拐されたときの事情を詳しく聞いた。

「三月十五日の朝、主人を見送って実家の母に電話してからテレビを見ていたのです。午前十時ごろチャイムが鳴ったので玄関を開けると、若い男にいきなりみぞおちを突かれたのです。驚いて奥の間に逃げたのですが取り押さえられ、濡れたタオルで猿ぐつわをされたのです。声を出すことができなくなり、そのときに麻酔を嗅《か》がされて意識を失ってしまったのです。意識が回復すると倉庫みたいなところに入れられており、口にはガムテープが張り付けられて手足が縛られていたのです。気がついてしばらくすると懐中電灯を照らしながら男が見え、ガムテープを取り外し、『だんなは社長だったな。殺すつもりはないから心配するな。金が欲しいだけなんだ。六時に二千万円持ってくることになっており、それを受け取ったら帰してやるよ』といったので誘拐された理由がわかったのです」

「犯人はどんな男かわかっていますか」

「家に見えたときもこのときも大きなマスクをしてサングラスをかけており、人相はよくわかりません。年齢は二十五歳から三十歳ぐらいと思ったし、身長は百七十五センチぐらいでした。襟のついたモスグリーンの半コートを着ていたが、足元を見ていないので履物はわかりません。言葉遣いは丁寧であったし、なまりなどはありませんでした。薄着をしていたので寒さに震えていると、どこかに出かけていって新しい毛布とソックスを与えてくれたため、殺されないかもしれないと思ったのです」

毛布は真新しいものであり、市内の寝具や衣料品店を調べると有川寝具店で売られていた。女子店員の話によると、男は二十五歳ぐらいで身長が百七十五センチぐらいでモスグリーンの半コートを着ていたという。ソックスには値札がつけられており、広田スポーツ店で売られたものであった。千円の商品が七百円に値引きされており、店員さんの話も有川寝具店の人の話も似たようなものであった。

被害者の自宅や旧ストアから足跡を採取ことができたが、それによって日本ゴム工業会社の製品とわかった。桜印の短靴であり、大きさが二七・五センチであったが、現在は製造が中止になっていた。市内の四つの履物店で過去に百足近く売られており、その追跡捜査もすることにした。

報道機関との協定が解除になったため、警察では記者発表をした。翌日の各紙が大きく取り上げていたが、新聞社も記者もさまざまであった。警察だって犯罪の動機がわからず、推測で書かれたものもあった。

犯人が現金の受け取り場所として指定した神山喫茶店といい、有川寝具店や広田スポーツ店といい、いずれも繁華街にあった。毛布やソックスなど入手経路がはっきりしたが、服装はわかっても犯人の人相ははっきりしない。被害者にさまざまな麻酔を嗅いでもらってテストしたところハロゲンと思われたが、確定するにいたらない。この事件にはいくつかのナゾがあり、身の代金を要求しても喫茶店に現れていなかった。冷凍室に監禁しても暴行は加えておらず、毛布や食べ物などを与えるなどしていた。犯罪の捜査にはナゾ解きゲームみたいなところがあり、一つずつナゾを解いて事実を明らかにすることにした。

事件が発生してから半月が経過したが、いまだ犯人の手がかりを得ることができない。計画的な犯行であることは間違いないが、犯罪の動機がわからないために捜査の的をしぼることができない。捜査が行き詰まっていたとき、今度は大山信用金庫花村支店の大型金庫がねらわれるという事件が発生した。

金融機関の大型金庫をねらった大胆な犯罪であり、誘拐事件と合わせて全力で取り組むことになった。現場から多数の指紋を採取し、複数の犯人のものと思われる足跡を採取した。遺留されていたアセチレンガスや工具類も捜査をしたが、あちこちで使用していたため犯人に結びつくような情報を得ることができない。

金庫破り未遂の捜査をしていたとき、車上ねらいをしていた男が浮かび上がった。裏付けを取ることができたため、無職の二十三歳の須賀喜一郎さんを逮捕して取り調べると、金庫破りの事件現場にあった足跡が酷似していた。足跡の鑑定によって同一のものとわかったため追及したが金庫破りを認めようとしない。

「金庫破りの現場からは、三種類の足跡が採取されているんですよ。一つは須賀さんのものに間違いないが、ほかにだれかがいたと思われるんだ。どのような弁解をしようと自由だけれど、おこなわれたことは取り消すことができないんだよ」

このように追及すると、ようやく重い口が開いた。金庫破りを言い出したのは中学の先輩の佐川さんであり、同級生の赤羽くんも仲間だったといったため、二人の任意同行を求めて取り調べをした。赤羽さんの履いている靴が金庫破りの現場の足跡と合致しており、そのことを追及すると三人でやったことを認めた。佐川さんはどのように取り調べても否認しており、取り調べがつづけられた。

「須賀さんも赤羽さんも佐川さんと一緒に金庫破りをしたことを認めているが、どうして認めることができないのですか」

「須賀や赤羽がどんなことをしゃべっているかわからないが、おれには関係のないことだよ」

このように否認していたが、須賀さんも赤羽さんも全面的に認めたため佐川さんを逮捕して引き続き取り調べた。

「佐川さんが否認するのは自由であるが、おこなわれたことは取り消すことができないんだよ。おれには関係がないと主張しているけれど、それがウソであるかどうか、佐川さんにはよくわかっていることではないですか。佐川さんと須賀さんと赤羽さんとの話と食い違っているが、佐川さんの話がほんとうなら金庫破りは起こらないことになるんだよ」

このように追及するとだんだんと返答に困り、三人で共謀したことを認めた。

生い立ちや学歴や経歴などを聞いたため、少しばかり佐川さんの歩んできた道がわかった。捜索令状を得て佐川さんの家宅捜索をし、たくさんの推理小説やモスグリーンの半コートなどを押収することができた。短期工業大学を中退し、その後は職を転々していたこともわかってきた。金庫破りの事件が起訴になったため誘拐事件の取り調べとなったが、徹底して否認していた。

「佐川さんの自宅の捜索をしたところ、たくさんの推理小説とモスグリーンの半コートがあったよ。被害者も毛布や女物のソックスを買った店員も、犯人がモスグーンのコートを着ていたと証言しているんだよ」

否認していたが手を替え品を替えるなど取り調べると、ついに夫人を誘拐したことを認めた。

「おれが使ったのはクロロホルムだよ。工業大学から盗み出したが、そのときには誘拐は考えていなかったんだ。推理小説を読んでいるうちに思いつき、まねをしたくなったんだ。金庫破りだって金を盗もうと思ったわけではなく、あれも小説のまねだったんだ」

佐川さんの自供により、全体像を明らかにすることができた。捜査が後手後手になってしまったのは、小説をまねた犯罪に気がつかなかったからである。被害者の話を聞いてハロゲンと思ってしまったが、麻酔薬の見分けることのむずかしさを知った。佐川さんはパチンコ店経営者の家族をねらったことがあり、誘拐は以前から考えていたという。

佐川さんはおとなしいと見られていたが、大胆な犯罪マニアでもあった。大学を中退して会社に勤めたが、仕事の合間に他の会社の内職をしていた。会社の材料を盗み出してクビになったり、結婚したかと思うと別れてしまい、場当たり的なことが少なくなかった。犯罪の捜査には紆余曲折がつきものだが、今回は小説をまねた犯罪に振り回されてしまった。小説をまねて緻密な計画を立てていたというが、金庫破りでは二人を仲間にしたため逮捕されるはめになってしまった。佐川さんは取り調べを受けていたときも推理小説のまねをしていたというが、事実の前に屈服を余儀なくされてしまった。

⑧ 中小企業を育てる会

融資にからんだトラブルは少なくないが、公《おおやけ》になることはいたって少ない。金融機関にあっては信用の失墜を恐れたり、責任問題を避けたい傾向があった。

中小企業を育てる会の詐欺と恐喝未遂の捜査は、阿久津製作所の防犯相談から始まった。防犯課では詐欺の疑いがあるとして捜査二課に回されたため、能勢警部補が話を聞いた。

「一か月ほど前のことですが、亀山という人が会社に見えたのです。『資金繰りに困っている話を聞いたのですが、中小企業を育てる会の会員になれば融資のあっせんをしてあげますよ。会長は大物代議士の秘書をしたこともあり、大手銀行の頭取とも親交があって政界にも財界にも顔が効くのです。会長にめんどうをみてもらって助けられた中小企業者はたくさんおり、会員になってくれたら会長を紹介してあげますよ』といわれ、十万円を支払って会員になったのです。その翌日に亀山から会長の羽田という人を紹介され、『亀山くんから話があったと思うが、大船に乗ったつもりでまかせてくれませんか。一千万円ほど必要とのことですが、それくらいの融資なら造作もないことだよ』といい、カバンからたくさんの書類を取り出し、『このようにたくさんの人に融資のあっせんをしており、資金に困っていた中小企業の人たちによろこばれているんです』といったのです。手続きを取るために必要だといわれ、会社の預貯金や資産一覧表を渡したので融資が受けられると思ったのです」

「融資を受けることができたのですか」

「その後、会長が一人で会社に見え、『融資が受けられるから一緒に立川銀行高前支店にいってくれないか』といわれ、会長と一緒にいったのです。『ここで待っていてくれないか』といわれ、駐車場で待たされると三十分ほどして戻り、『一千万円の融資が可能になったからあっせん手数料として一割をあすまでに用意してくれないか』といわれたのです。会員になったから手数料はいらないと思っていたので支払えないというと、『それでは融資の話もご破算だな』といわれたのです。しぶしぶと承知して百万円を支払ったが、いつになっても融資が受けられないのです。会長がどこにいるかわからないため亀山に電話すると、『会長が話したいといっており、あすの正午に松井ホテルにきてくれないか』といわれたのです」

「どのような用件でしたか」

「融資が受けられるものと思って出かけると、『一千万円の融資は間違いないが、特別の枠で融資が受けられないか交渉したところ、四千三百万円まで可能だというんだ。阿久津さんにその気があるんなら手形の割引を頼んでやるが、融資の件は間違いないんだから安心してくれ』といわれたのです。手形の割引にも手数料が必要でしたが金策がつかず、亀山を通じて会長に連絡してもらったのです。折り返し電話があり、『こちらが真剣にめんどうをみてやっているのに手数料が準備できなくては融資の件もご破算にするしかないや』と突っぱねられたのです。ついに融資が受けられずに不渡りを出してしまい、警察に相談にあがるほかないと思ったのです」

詐欺の疑いがあったために捜査をし、立川銀行高前支店にいって担当者から話を聞いた。

「十日ほど前のことですが、羽田と名乗る男が中小企業を育てる会の名刺を持って見えました。阿久津製作所の社長の委任状を見せ、いろいろ説明して一千万円の融資をしてくれないかといわれたのです。資産の目録を見せられたが担保価値がないため融資を断ると、『おれは大国銀行の頭取と懇意にしており、電話したいから貸してくれないか』といったのです。どこに電話したかわかりませんが、ふたたび融資してくれないかとねばられたが、断りつづけるほかなかったのです」

亀山さんは十年前に詐欺の容疑で逮捕されたが、起訴猶予になっていた。羽田さんの犯罪歴は見あたらなかったが、右翼を名乗って金融機関にいって不正をネタに融資を強要していることがわかった。恐喝未遂の疑いがあったが、後難を恐れているらしく被害の届け出をする金融機関は一つもない。

亀山さんの身辺捜査をつづけると、光栄信用金庫の理事長を脅したとの情報を入手した。能勢警部補が光栄信用金庫を訪れ、理事長さんから話を聞いたが、そのようなことはありませんといわれた。新たな資料を探すために捜査をつづけると、亀山さんが光栄信用金庫に融資の申し入れたことに間違いないと思われ、ふたたび理事長さんの話を聞いた。

「亀山が中小企業を育てる会の名刺を持って見え、『われわれは融資に困った人たちを助けるために活動しており、融資をしてくれませんか』といわれたが断ったのです。するとその翌日に二人で見え、会長の羽田という人から『困った企業を救済したいので一千万円の融資をお願いしたいんだが』といわれたのですが、担保物件がなかったので断ったのです」

「脅されたと聞いたのですが、ほんとうに脅されていないんですか」

「新聞やテレビで報道されると大きな問題になり、取り付け騒ぎになることもあり、話すことができないんです」

「警察は民事の問題には介入できませんが、犯罪であれば捜査しなくてはならないんです。ここで確約することはできませんが、できるだけ報道機関に知られないように捜査しますから協力してくれませんか」

「融資の申し込みをねばられたが断りつづけると、『会長は右翼の大物の秘書をしていたこともあり、大手銀行の頭取とも親しくしているんだよ。光栄信用金庫の不正もにぎっており、それをあばかれると困るんじゃないのかね』といい、手にしていたカバンを見せ、『ここに不正のビラがたくさんあるが、それをまかれても困るんじゃないかね』と脅してきたのです。羽田という人はうなずいていましたが、口ははさみませんでした。脅されて融資したことになればわたしの責任になるため、どのようにいわれても断りつづけました」

これらのことを供述調書にすることができたため、これも捜査の対象にした。

阿久津製作所の詐欺事件と光栄信用金庫の恐喝未遂事件の捜査を始めると、亀山さんが光栄信用金庫の理事長さんに謝罪をしたり、証拠隠滅の動きを見せるようになった。犯罪を防ぐためにも早期の逮捕が必要になり、署長を交えて捜査の検討がなされ、光栄信用金庫の恐喝未遂で二人を逮捕することにした。二人を同時に逮捕する必要があったので指名手配をせず、二人の行方を追った。羽田さんが松井ホテルに宿泊したことを確かめ、光栄信用金庫理事長の恐喝未遂の旨を伝えて任意同行を求めると拒否したため逮捕した。

その日の朝、美山部長刑事らが亀山さんの自宅にいき、逮捕事実を告げて逮捕状を示して逮捕した。

能勢警部補は羽田さんの本格的な取り調べをし、学歴や経歴など聞いて人となりを知ることができた。二人とも徹底して否認しており、あらかじめ示し合わせたらしく供述に少しの矛盾もみられない。亀山さんの自宅の捜索をしてたくさんの資料を押収したが、羽田さんの自宅も事務所もどこにあるかわからない。二人とも否認のまま検察庁に送られ、検事さんの取り調べでも否認していたが、裁判官から十日間の勾留状が発せられた。

亀山さんの自宅からたくさんの資料を押収し、それにもとづいて追及したが犯罪に結びつく供述を得ることができない。二人とも脅したことを否認しており、起訴がむずかしいらしく担当の検事さんから課長に電話があった。

「恐喝未遂事件については、脅しに使ったというチラシは発見されず起訴するかどうか検討している。阿久津製作所の社長から手数料をだまし取った容疑で再逮捕し、合わせて捜査してくれないか」

二人を阿久津製作所の手数料詐欺事件で再逮捕したが、自供が得られる保証はなかった。

「融資が可能になったといって百万円の手数料を受け取っているが、融資がなされていないではないですか」

「あれはあっせんしてやった手数料であり、融資するかどうかは銀行で決めることなんだよ」

再逮捕した事実についても二人は徹底して否認しており、供述にも矛盾は見られない。光栄信用金庫の恐喝未遂については、理事長さんの要望を受けいれて報道機関に対する発表を差し控えていた。詐欺事件も伏せておくことはできず発表せざるを得なくなったので、広報官から原案をつくるように指示された。

逮捕してからすでに十二日が経過しており、そのことや捜査に支障をきたすと思われる事項については伏せておくことにした。いささか事実と異なるものになってしまったが、そのまま発表せざるを得なかった。

光栄信用金庫の恐喝未遂の主役は亀山さんであり、阿久津製作所の手数料詐欺の主役は羽田さんであった。共謀の疑いがあったが役割がはっきりせず、それを詰めることにした。

「困った人たちを救済するというが、手数料を取って融資がなされなかったため阿久津製作所は倒産しているんだよ。それでは救済するどころか資金繰りを悪化されるだけであり、会の趣旨とは違うんじゃないですか」

「どのようにいわれたって、おれは犯罪になるようなことはしていないんだ」

亀山さんも融資の話をしたのは会長であり、おれは何も知らないというばかりであった。

捜査をつづけると、中小企業を育てる会の事務所が風早マンションの一室にあることがわかった。令状を受けて家宅捜索したところ、三国政治経済研究所も兼ねていた。所長は友松紀夫さんであり、会長も兼務しており任意出頭を求めて事情を聴くことにした。

羽田が会長を名乗っているというがおれが会長であり、三国政治経済研究所は政治や経済の勉強をして世の中に役立つ仕事をしているといった。押収した資料には土地の権利証や名簿だけでなく、中小企業を育てる会の会員名簿もあった。資料によって追及していくと、争いごとの仲裁をして手数料をかせいだり、融資のあっせんをしてやるといって会員をつのっていたこともわかった。友松所長が黒幕と思えたが、押収した資料を検討しても裏づけることができなかった。

中小企業を育てる会の実態が明らかになったため、羽田さんの追及をつづけると供述に変化が見られるようになった。起訴されることに間違いないと思ったのか、起訴されても無罪を勝ち取ることができないと思ったのか、だんだんと犯罪を認めるにいたった。羽田さんが自供すると亀山さんも否認を貫くことができなくなり、二人とも恐喝未遂と詐欺で起訴された。黒幕と思われた友松さんの捜査をつづけたが、羽田さんや亀山さんの供述でも押収した資料によっても犯罪を裏づける資料を得ることができなかった。

⑨　住宅ローンのからくり

取り込み詐欺事件の捜査をし、片山事務器の社長さんの自宅と事務所の家宅捜索をした。このとき二つの住宅ローンの会社と契約しており、一つは住宅兼事務所であり、もう一軒は住宅であった。ともに貸し付けて家賃収入を得ていたが、いずれも住宅ローンの支払いをせずに抵当権がつけられ競売される運命にあった。

取り込み詐欺事件が起訴になり、一段落したため住宅ローンの実態を調べることにした。社長の片山さんにどのように契約したのか尋ねると、不正なこととわかっていたらしく、詳しく話そうとはしなかった。

「顔見知りの群中建設の販売会社の東商事のセールスから、頭金なしで五万円の手数料を支払ってくれれば建て売り住宅を手に入れることができるが、一口乗らないかと誘われたんだ。いろいろと説明されてローンで住宅を購入し、又貸しをして家賃収入を手に入れることにしたんだ。白紙の契約書を渡されて住所や名前や印鑑を押して渡したとき、ローンの会社から問い合わせがあったとき契約書の通り返事するようにいわれたんだ。さまざまな手続きが必要だといわれたが、それはセールスが準備してくれることになったんだ」

どのような手続きがとられているか明らかにするため、二つの住宅ローン会社から資料を取り寄せた。片山さんは芝田工業会社の社員として給与証明書が添付されていたため、都内の有田住宅ローン会社を訪ねて話を聞いた。

「わたしどもは、中央総合建設と提携ローンを組んでいます。社長は国会議員を経験したこともあり、建売住宅販売の全国展開をして業績をあげています。中央総合建設の包括的な保証によって融資がなされるため、お客さんの利便性が図られて融資が簡単になされるのです。中央総合建設から提出された書類の審査をし、物件の相当額の八十パーセント以内の融資をしています」

住宅ローンの仕組みがわかったが、頭金なしでローンが組める仕組みがわからない。片山さんのあっせんをしていたのが中学校の同級生の阿部さんとわかったので事情を聞いた。営業会議で販売実績を上げるために頭金なしで売る方法が検討され、正規のものと白紙の契約書の二通がつくられることになったという。一通は群中建設にわたり、水増しされた契約書が住宅ローン会社に提出されていたことがわかった。建売住宅をつくっていたのは群中建設であり、販売していたのが群中住宅販売であったが、頭金なしで二重の契約書をつくらせていたのは、住宅販売の子会社の東商事であることがわかった。

頭金が不要なものを取り扱っていた東商事の販売量は急速に増え、建設が追いつかなくなっていた。そのために従業員も不足してしまい、粗製濫造になっていることがわかった。詐欺の犯罪歴のある木村さんが購入した建売住宅は、支払いが滞っていたために競売にかけられており、そこに住んでいたのは暴力団幹部であった。立ち退きの要請に応じないために事情を聞くと、木村に五百万円を貸したが返済しないからだといった。

内密な捜査であったが群中建設の社長の耳に入り、警察の幹部に対する根回しがおこなわれた。そのために群中住宅販売の代表取締役を呼び出して事情を聞くと、群中建設の社長と懇意にしており、月に二十万円の報酬を支払うから代表取締役になってくれと頼まれたので引き受けただけであり、営業にはタッチしていないといった。群中建設の社長さんは政界への進出を心掛けており、仕事は専務にまかせていたから何も知らないという。

文書が偽造されていることは明らかであり、詐欺の容疑があったのでどのように捜査をすすめたらよいか検討された。署長と課長が検察庁に出かけていって打ち合わせをした。

「住宅ローンについて調べたところ、文書の偽造が明らかになってきたのです。詐欺師や暴力団がかかわっているが、重要参考人は呼び出しに応ぜず、任意捜査には限界があり、強制捜査に踏切りたいと思っているのです」

「これらの一連の事件が犯罪であることは明らかであるが、参考人なのか被疑者なのか区別がつきにくい者が少なくない。詐欺師や暴力団がからんでいるから警察では強制捜査に踏み切りたいのかもしれないが、検察庁の人員はかぎられており、それに対応できる体制をとることができないのだ。逮捕して認めれば起訴することができるが、否認していると起訴が困難になってしまう。そのような取り扱いをすると公正さを欠くことになり、検察の立場も苦しくなってしまうんだ。どのような捜査をするのも警察の自由であるが、検察庁の立場も理解してくれないか」

警察と検察庁の立場は異なっているが、検察庁の意向を無視することはできなかった。

人間にさまざまな病気があるように、世の中もいろいろの犯罪にむしばまれている。住宅ローンの問題も一種の病気みたいなものであり、治療する必要があったものの犯罪として検挙することはできなかった。それでも住宅ローン会社から事情を聞くなどし、実態を明らかにすることができたため、中央総合建設は提携ローンの契約を破棄され、群中建設も代理店契約を取り消された。中央総合建設も建売住宅の販路の拡大がたたり、営業不振に陥って第一回目の不渡りを出し、群中建設も連鎖倒産して、政界への進出の夢を絶たれてしまった。

提携ローンを組むときに住宅ローンの役員が温泉旅行に招待されており、中央総合建設の裏工作の一部も判明した。表向きは健康そうに見えていた二つの建設会社であったが、病巣を抱えたまま突っ走ったため自ら命を絶つことになった。インチキな会社とも知らずに働いていた社員は一瞬にして職を失い、退職金も受け取れずに新たな職を探さなければならなくなった。株式市場への上場を夢見ていた社長さんであったが、無理な営業がたたって沈没を余儀なくされた。

⑩ 脱獄した二人の凶悪犯

警察で逮捕した被疑者は、四十八時間以内に検察庁に送られる。検察官が取り調べをし、釈放するか勾留請求するか起訴しなければならない。起訴されると公判で有罪か無罪が決められ、懲役を言い渡されると執行猶予にならないかぎり刑務所に収容されることになる。明治四十一年に施行された監獄法にはさまざまな規定があり、刑が満期になったり仮釈放になると出所することができる。それまでは服役を余儀なくされ、社会復帰したときに役立つように職業訓練や矯正教育を受けたりする。それでも再犯者が多いといわれているが、前科者を特別視する者がいるからかもしれない。

刑務所では、タバコを吸うことも飲酒も性行為をすることもできない。十年とか二十年の拘束となると、脱獄したくなるのは無理からぬことである。逃走防止のためにさまざまな施策が講じられているため、多くの囚人は脱獄をあきらめている。だれでも脱獄して自由な生活をしたいという願望を抱いているが、成功を期待することができない。

あすは三月のお節句だという前日、高田刑務所から二人の凶悪犯人が脱走した。一人は傷害と強盗の罪で服役していた設楽時夫さんであり、もう一人は殺人未遂の罪で服役していた島村三郎さんであった、ともに二十七歳であり、囚人服を着たまま逃走したため容易に発見できると思われた。高田警察署に連絡があったのは午後四時四十五分であり、逃走してから三十分ほど経過していた。ただちに全署員が非常召集されて検問や捜索に従事したが、後手に回らざるを得なかった。

この刑務所は明治四十一年に開所し、昭和四十六年に大改装されていた。独居房と雑居房を合わせて二百五十八房があり、未決囚を含めて六百二十三人が収容されていた。一昨年暮れからB級の服役者が増加し、凶悪犯人や再犯のおそれのある受刑者が九十パーセントに達したといわれていた。職員は所長以下二百七名であり、独居房に入れられている囚人を除き、すべて受刑者は所内の九つの工場に分散されて作業に従事していた。

脱走した二人が働いていたのは第八木工場であり、三十三人が作業に従事していた。かねてからすきをねらっていた二人は、刑務官が工具を点検していたとき工場の一角にあった塗装室の換気の格子《こうし》をはずして工場の外に出た。服役してからほとんど同じ工場で作業をしており、工場内の様子を熟知していた。脱走用に使った七メートルのはしごは半製品として工場内に隠しておいたものであり、工場の外に出たとき植木の陰に隠れ数分で組み立てていた。

二人が逃げた換気口の西側には突き出た排気筒があったため、東棟の看守の死角になっていた。はしごを使用して塀を乗り越えようとして二人を発見し非常ベルを鳴らしたが、ケンカや火事や逃走の区別がなされていない。刑務官だけで取り押さえようとしたため、警察への通報が遅れて追跡を困難にしていた。逃走した犯人の一人は背が高く、もう一人は小柄であったが、どこへ逃げようとも変装しようとも自由であった。追跡する警察官は目撃者を探すなどして追跡したため、後手後手になってしまった。

多数の警察官が動員されて各所で検問をし、犯人が隠れていると思われる場所の捜索をした。警察犬も動員されて犯人の追跡を始めたが、通行車両の多い道路に出ると迷ってしまった。犯人の逃走経路がわからず、目撃者を見つけることもできず、警察官も警察犬も、とまどうばかりであった。

犯人が通行車両を止めて逃走することもあり、貨物自動車の荷台まで調べた。網の目のように張り巡らされた検問を突破するのは困難と思われたが、どこにひそんだのかまったく情報が得られなくなってしまった。テレビやラジオが逃走のニュースを伝えると、たくさんの情報が寄せられるようになった。だれもが恐れていたのが、追い詰められた犯人によって二次犯罪がおこなわれることだった。広報車も市内をめぐって用心を呼びかけていたため、より市民に不安を与えることになってしまった。

いつまでも検問はつづけられ、犯人が隠れていると思われる場所の捜索をしたが手がかりが得られない。午後十時になったとき翌日の当番員のみ解除になり、徹夜の警戒に当たることになった。午後十一時を過ぎたとき、広い工業団地の捜索をしていた捜査員が不審者を発見し、職務質問をしようとしたが逃走された。多くの捜査員や警察犬が工業団地の捜索に当たった状況がテレビで放映されると、一人の視聴者から抗議の電話があった。

「わたしは警察犬の訓練士ですが、こんなにたくさんの警察官が動き回っていたのでは犯人の追跡ができず、もっと警察犬が活躍できるようにしてくれませんか」

この日に活躍したのはシェパードであったが、警察官が捜索に当たっているときに連れられてきた。訓練士の話はもっともであったが、すべてそのときの状況によって判断しなければならなかった。犬の臭覚力は人間の三千倍以上といわれており、聴力も人間よりはるかにすぐれているという。条件がよければ犯人を突き止めることができたかもしれないが、警察犬は鉄道線路の手前で追跡をあきらめてしまった。その後、線路伝いに南に逃げていく二人を見たという一一〇番通報があった。警察犬も加わってまたもや周辺の捜索がなされたが、暗闇であったから犯人の発見にいたらない。第二の犯罪を防止したり、犯人の追跡をするなどして徹夜の捜査となったが、犯人の情報は途切れてしまった。

犯人が工業団地周辺に隠れている疑いがあったため、明るくなると集中的に捜索がおこなわれた。家具工場の経営者から被害の届け出があったが、それはジャンパーやヘルメットが盗まれ、事務所のラーメンが食べられたというものであった。犯人が変装して逃走していることが明らかになったが、逃走経路がわからないため検問が継続された。

工業団地に勤務する人たちが続々とやってきたが、ほとんどが長髪であった。帽子をかぶっている人に注意したが、白昼から犯人が堂々と行動するとは思えなかった。休むことができないまま捜査がつづけられ、パンと牛乳で腹を満たすだけだった。情報が途切れてしまうと、犯人が管外に逃走したのではないかと思えるようになった。それも決定的なものではなかったが、新たな情報がもたらされたのは午後七時ごろであった。工業団地から三キロ離れた地点で軽四輪のライトバンが盗まれたとの届け出があった。ライトバンを重点に捜査していると、今度は白っぽい普通乗用車が盗まれたとの届け出であり、近くに盗まれたライトバンが放置されていた。自動車を乗り継いだものと思われたが、予想に反して犯人が市街地に向かっていたことがわかった。

犯人の逃走経路がわからなくなってしまい、盗んだ自動車を乗り継いでいると思われたが断定できなかった。時間が経過するに従って管外に逃走した疑いが濃くなってきたが、検問を打ち切ることはできなかった。連日連夜の勤務のため捜査員に疲れが見えてきたが休めるような状況にはなく、連日の捜査となった。

逃走してから三日目の午後一時半ごろ千葉県警から電話があった。

「パトカーを見て横路にそれた不審車があり、追跡したところ車を乗り捨てて逃走した。車は盗難車であり、逃走した男の追跡をして民家に隠れていた一人を取り押さえ、もう一人を探しているところです」

午後五時ごろ、もう一人の犯人を捕まえたとの連絡があり、二人とも護送されることになった。このために三日間にわたった捕り物劇に終止符が打たれ、護送されてきた二人を取り調べることになった。

「どうして脱走するようになり、どのようにして逃げることができたのですか」

「逃げたかったのは、酒を飲んだり女を抱きたいからだったよ。同じ作業場にいた島村くんと親しくなり、雑談していると脱獄の話になったんだ。脱獄を考えると仕事に張り合いがもてるようになり、看守の信頼を得ることができたんだ。看守のすきを見ながら逃走の準備をし、はしごを組み立てて逃げ出すことができたんだ。囚人服を脱ぎ捨てて休みになっていた工業団地に逃げ込んで服装を着替え、夜になって動き出すと見つかってしまった。警戒の手薄な市街地に逃げて車を乗りつぎ、山道を通って栃木まで逃げると燃料切れになってしまった。ふたたび車を乗りついで千葉まで逃げたとき、パトカーが見えたので横路にそれたため捕まってしまった。塀を乗り越えたときはやったという気分になったが、酒も飲めず女を抱くことができなかったのが残念なんだ」

刑務所は罪を犯した者を懲らしめるだけでなく、更生をはかる施設といわれている。さまざまな罪を犯した人が収容され、自由を拘束されて規則にしばられている。長いこと拘禁されていたときどんな心境になるか、それは経験しなければわからないことである。自由を求めたかったり、酒を飲んだり女を抱きたいとなれば脱獄する以外の道はない。曲がりなりにも能勢警部補は一年三か月の捕虜生活をしており、脱走したい気になったこともあった。囚人といっても人間であることに変わりはなく、出所したときに温かく迎えてやれば少しは更生に役立つかもしれない。

【著者紹介】
深沢敬次郎（ふかさわ・けいじろう）
大正 14 年 11 月 15 日、群馬県高崎市に生まれる。県立高崎商業学校卒業。太平洋戦争中、特攻隊員として沖縄戦に参加、アメリカ軍の捕虜となる。群馬県巡査となり、前橋、長野原、交通課、捜査一課に勤務。巡査部長として、太田、捜査二課に勤務。警部補に昇任し、松井田、境、前橋署の各捜査係長となる。警察功労賞を受賞し、昭和 57 年、警部となって退職する。平成 7 年 4 月、勲五等瑞宝章受賞。
著書：「捜査うらばなし」あさを社、「いなか巡査の事件手帳」中央公論社（中公文庫）、「泥棒日記」上毛新聞社、「さわ刑事と詐欺師たち」近代文芸社、「深沢警部補の事件簿」立花書房、「巡査の日記帳から」彩図社、「船舶特攻の沖縄戦と捕虜記」、「だます人　だまされる人」「女と男の事件帳」「捜査係長の警察日記」「詐欺師たちのマニュアル」「犯人たちの黒い告白」「ベニア板の特攻艇と沖縄戦」「ザ・ドキュメント否認」「県警警部補の犯罪社会学」「経験して学んだ刑事の哲学」元就出版社、「沖縄戦と海上特攻」（光人社 NF 文庫）。
現住所：群馬県高崎市竜見町 17 の 2

犯罪者は反面教師である

2018 年 5 月 9 日　第 1 刷発行

著　者　深沢敬次郎
発行者　濵　　正 史
発行所　株式会社元就《げんしゅう》出版社
〒 171-0022 東京都豊島区南池袋 4-20-9
サンロードビル 2F-B
電話 03-3986-7736　FAX 03-3987-2580
振替　00120-3-31078
装　幀　クリエイティブ・コンセプト
印刷所　中央精版印刷株式会社

ISBN978-4-86106-257-5　C0095

深沢敬次郎

女と男の事件帳

戦後を生きた巡査の手記

敗戦の焦土と化した終戦直後から昭和三十一年までに起きた女と男の事件を収録した。元巡査、刑事であった作家が、直接係わった事件を克明な日記を基に再現した、男と女の関係。

■本体1500円＋税

深沢敬次郎

犯人たちの黒い告白

捜査係長十六年間の事件簿

実録　犯罪ファイル。人はなぜ法を犯し、自らの人生を破綻に追い込むのか？　殺人、死体遺棄、連続強姦、詐欺、暴力団など、犯罪に手を染めた悪い奴らの肉声が聞こえる。

■本体1600円＋税

深沢敬次郎

ベニヤ板の特攻艇と沖縄戦

附記・七十年目に日の目を見た幻の「沖縄戦記」

敗戦再考！　元特攻隊員現存作家の書き下ろし。迎え撃つに武器なく、食糧は底をつき、飢えとの戦いの中にあって、逃亡か投降かの選択を迫られた兵士たちの生き地獄。

■本体1800円＋税

深沢敬次郎

だます人　だまされる人

実録・知能犯刑事の事件帳

振り込め詐欺、架空請求、ヤミ金、手形詐欺、〇〇商法等々、奴らは虎視眈々とカモを狙っている。チョットの油断で被害にあっては後の祭りだ。手口と撃退方法を伝授する。

■本体1800円＋税

深沢敬次郎

捜査係長の警察日記

女と男の黒い報告書

実録ベテラン刑事の犯罪ファイル　殺人、詐欺、覚せい剤、無理心中、暴力団、強姦、幼児置き去り、DV等々、男女が織りなす犯罪模様を克明に活写した究極の人間学。

■本体1500円＋税

深沢敬次郎

詐欺師たちのマニュアル

罠を暴いた能勢警部補の事件簿

捜査2課係長の知能犯ファイル　警察の捜査や行政の注意喚起など、いくら厳しく取り締まっても、詐欺師たちは常にその一手先を考えている。本書は転ばぬ先の杖だ。

■本体1600円＋税